たけしま さよ

続 マンガ おひとりさまの遠距離介護けもの道

せせらぎ出版

この童女は
私のハハです
もう80の
ババアですが
着ぐるみを
着せないと
描く気が
起こらない
もので…（作者）

はじめに

毎週末、一人暮らしする母を訪ねる遠距離介護を十三年続けた。親類や身内の「仕事を辞めて同居しては?」という提案を頑に拒否し、母の新居を探し、デイサービスを探し、入所施設を探した。たとえ親不孝娘と言われようと、同居すれば自分が壊れてしまうのは目に見えていた。そうなったら、誰が母を見るのか?

講師の口など、いくつかの大きな仕事を断った。土日にあるコンサートなどとは縁遠くなった。旅行も気軽には行けない。週末の飲み会はパス。毎日帰宅しないので新たな猫は飼えない。部屋の中は片付かず、山なす書類と床を舞う埃。それでも自分の家に帰れば、一人になって心を休められる。母担当の介護のプロたちにも何度も助けられた。

反りの合わない母との濃密な暮らしを作品にしたのは、頭に来る事があるたび、「どうしてくれよう、ようしマンガにしてやろう」と考えたからだ。ただし母の容姿については、老婆のままで描く気にはどうしてもなれなかった。で、前頁のようにしてみたら、前作を読んだ方から「カワイイお母さんだと思って読んでいたら……ショック」とのご感想が。

ようやく続編が出ました。どうかご笑覧を。

二〇一九年　二月

たけしま　さよ

もくじ

1 ハハの視点
私は七八歳
元主婦です
主人は六年前に他界しました
まだ本当のことと思えません
半年後に引っ越してここへ来ました
週に一回Y市から娘が来てくれます
この娘がとってもコワイ
よくイスをけとばす
いろんな手続きや家事などよくやってくれるのですが
私が体の不調など訴えると

こんなカオや
こんなカオをして
いいかげんにしてよ
もー来ないよ
などとヒドイことを言うのです
昔から優しくない娘でしたが
この頃は親を親とも思わぬような態度
昔できていたことが何もできなくなって
みそ汁ってどうやって作るんだっけ…
それでなくても情けないのに
口を開けば
またこんなトコに置いてー
ゴロゴロねてばかりいちゃダメだよ
アブナイでしょ!
クツ下はいて!
トイレ換気扇まわしといてね!
その服もう洗うよ着ちゃダメ
冷蔵庫のナベの中身もう捨てるよ!
なんでそんな
そのくせ
あーッイヤ!!
こんな口うるさい自分がイヤッ!

などとワメイています
思ったよりアホな子です
このごろはしきりに
デイサービス行きなよ
そろそろホームに行くこと考えてよ
と次々課題を出して悩ませます
はっきり言って私の手に余ります
未処理
処理済
朝起きて寝るまでできることはせいぜい一つか二つ
頭も体も動きません少し酷です
今日はリハビリ
ちゃんと歩けるかしら
歩けるかしら
歩けるかしら
時々鏡をのぞけば
ギャアアア
見憶えのない醜い老婆の顔と
みっともない体が映ります
こんな容姿で生きるぐらいなら
不許可
ヒIIIIII

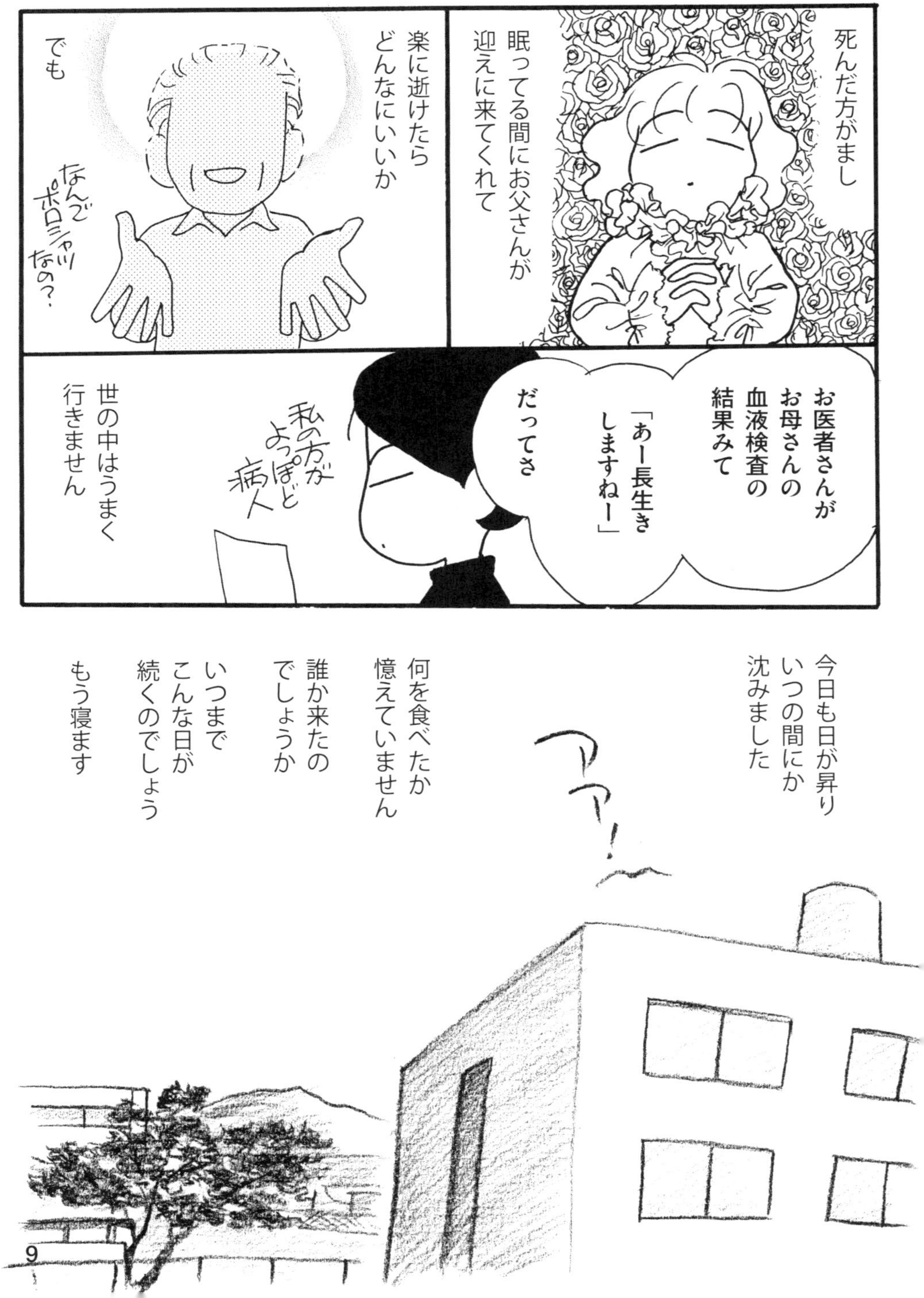
死んだ方がまし
眠ってる間にお父さんが迎えに来てくれて
楽に逝けたらどんなにいいか
でも
なんでポロシャツなの？
お医者さんがお母さんの血液検査の結果みて
「あー長生きしますねー」
だってさ
私の方がよっぽど病人
世の中はうまく行きません
今日も日が昇りいつの間にか沈みました
アァ！
何を食べたか憶えていません
誰か来たのでしょうか
いつまでこんな日が続くのでしょう
もう寝ます

2 これまでのあらすじ
二〇〇三年
父　死去
放心したような
ハハを放置
できず
あれやこれや
何々〇〇××とか
しなきゃいけないん
だよ
きいてる？…
ズ～
二泊三日の
週末同居を始める
大きすぎる郊外の
家を出て
J市内の
マンションへ
二〇〇四年
体のあちこちに
不調を
きたし
家の用事というよりは話し相手
このころはお仕度も大らか
市の事業の
ヘルパーを
週一回依頼
二〇〇五年
次々と病気が
あらわれ
心療内科へ
仮面うつ病
だね
二〇〇六年
杖を
つき始め
家事に支障
こんなもん
もうムリ
二〇〇七年
認定申請
要支援1
初代
ケアマネ
二〇〇八年
老人食の
宅配弁当を
取り始める
秋　要支援2
ゴハンは炊く

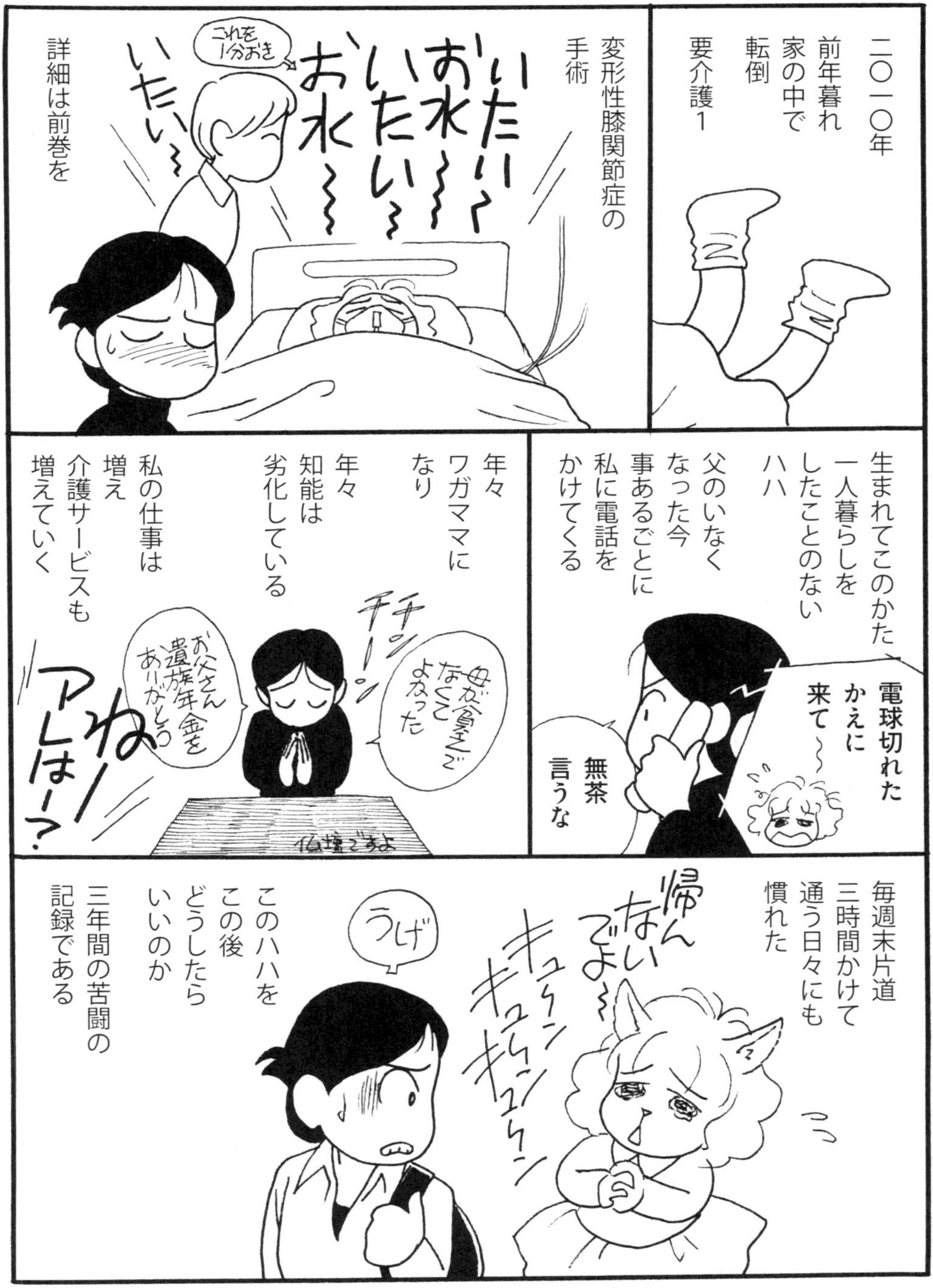

二〇一〇年
前年暮れ
家の中で
転倒
要介護1
変形性膝関節症の
手術
いたい〜
お水〜
いたい〜
お水〜〜
これを1分おき
いたい〜
詳細は前巻を
生まれてこのかた
一人暮らしを
したことのない
ハハ
父のいなく
なった今
事あるごとに
私に電話を
かけてくる
電球切れた
かえに
来て〜
無茶
言うな
年々
ワガママに
なり
年々
知能は
劣化している
チーン
母が貧乏で
なくて
よかった
お父さん
遺族年金を
ありがとう
ねー
アレは一?
仏壇ですよ
私の仕事は
増え
介護サービスも
増えていく
毎週末片道
三時間かけて
通う日々にも
慣れた
帰んないでよ〜
キュ〜ン
キュ〜ン
キュ〜ン
うげ
このハハを
この後
どうしたら
いいのか
三年間の苦闘の
記録である

3
ホーム見学ことはじめ
二〇一〇年夏
膝の手術で歩けるようになったもののハハは
ぐで〜〜
家事のほとんどを私とヘルパーに頼るように
今できてること
湯わかし
食器洗い
ゴミ出し
現金の支払い
電話での家賃振りこみ
お客さま番号を押してください
ピ
ピ
今のところ徘徊やガスの消し忘れなどはないが
きをつけてね〜
一人で暮らせなくなる日はもう目前
いよいよ施設介護を考える時が来た
実は以前にも一度軽費老人ホームを見学（デイサービス見学のついで）した
あいかわらずヒドイ絵だ
丘の上にあり
バリアフリー個室
食事付き
ただし介護ナシ

見に行った時間は三時ごろだったので誰もが部屋にいて
食堂もロビーもひと気ナシ
ガラーーン
こんなトコ来るのイヤ
まだ元気に歩いてたい
うーんそーだろうねー
しかしとにかくネットで調べたりケアマネにパンフをもらったりして情報収集だけは怠りなく
ケアセンター○○○
高齢者サービスマンション
ケアホーム○○
まだリハビリ入院中B市のあるホームを見に行った
かってにきめて
ブツブツ
見もしねえ
うわ高そダメだなこりゃ
病院まで送迎車が来てくれる
ところが例によって
便が出ない気分悪い明日はムリ
じゃー退院もムリね寝たまま車で送ってもらえるのにも行けない人が来週から一人で暮らせるワケないもんね
………
………
そこって浣腸してくれるの？
アタシがしてやるよ!!

コロコロ言うことが変わるのでアタシたちも大変です
ナース
ともあれちゃんと着がえてロビーで待っていた
イスが外に飛び出して座ったまま車に乗れるスゴイ
ただし車の中ではまるで元気がなくずっとダンマリ
案内されたホームはリゾートホテルのように美しいプールや温室アトリウムにはグランドピアノ
しかしハハは着いたとたんソファで休憩
つかれた
全身で「こんなトコ嫌」をアピール
そのくせ豪華な昼食はペロリ
昼すぎにアトリウムでは合唱が始まり歌の好きなハハも参加
「おっ手応えありか？」と思ったが
終わったあとは
氷
カチーン

そしてしきりに
六時に 帰らなきゃ 六時に
何があるの？
ハイハイ
そそくさと 帰途に
後日感想を述べた ところによると
皆キレイな 恰好して た
オシャレで 金持ち そう？ 友達とか つくれそうに ないと？
…うん
あいかわらず 見栄っぱりな ハハであった
昔にくらべて みんな私より なんでこんな ミジメな
ブツブツ
一緒に見学に行った 身内と 総括会議
B市が イヤなん ですか？ I病院は 気に入って たのに
ゴメンね わざわざ 東京から来て くれたのに
ねまきで 暮らすんじゃ ないからね
知り合いも 土地カンも ないし
イナカの オバハン だから
ダメ元で 行った 老人ホーム見学の 結果は×
あ ○○ホーム ですか？
資料を 送って いただき たいんです
ハイ 母です
年は
それは その後 四年にわたって 続く ハハの終の住処探しの 始まりだった

4 退院はしたものの
六月一四日 退院して 介護サービスが 再開するので
ハハのケアプランを 作り直すため この人たちが一堂に会する
ハハの家で サービス担当者会議
主任ヘルパー
ケアマネージャー
福祉用具専門員 （レンタルサービス）
カタログ
PT 理学療法士
基本的には 入院前と 同じに 戻すんですが
火・水・土 各90分（当時） 生活介護 ですね 前と同じ 方に来て いただけ ますか？
大丈夫と 思います さっそく あすから ですね
PTさんは 今日なら
実は今… デイサービスを 入れたいと 思ってるん ですよ
もちろん まだ さがし中 ですけど そうすると 限度額オーバー しますか ねえ？
いや 大丈夫 ですよ まだまだ 余裕です
ハハの現在
要介護１ 利用限度額 165,800円
2010年6月利用額 71,270円（の1割）
（ホームヘルプ・用具レンタル）
通所介護1回 約7,000円（の1割）

などという話をしている間中ハハは
こんな態度
まるでひとごと
夜 Y市へ帰宅するとすぐに
げんかん前
歩行キのたたみ方がわからない〜〜〜
それからの一週間というものは
朝体が動かないゴハンも食べられない〜〜
そのワリに元気だね
何着たらいいの〜〜〜 助けてすぐ電車に乗ってきて〜〜〜
できるね
もう散髪屋行けない〜〜〜 こんな足みせられない〜〜〜
なんでカットハウスで足みせるの
信用金庫の人に足悪いのかってきかれた〜〜〜
わるいだろ?
友だちに「山登りできる人もいるしアンタも頑張れ」と言われた〜
老人会の人に会ったけど手術のこと言えなくて〜
何エエカッコ
死ぬにはどうしたいい〜〜?
あのねえ…
あ だれか来た
ピンポーン
ツーツー
ほっ!!
…
友人曰く
お母さんは意見を言ってるんじゃなくて心境の実況中継をしてるだけ
いちいちマトモに取るなって
そりゃそうでしょうけどねっ

5 アンタ何者？
七月
駅前にある
シルバーマンションを
見学
繁華街にあり
便利だが
緑もなく
冷たいカンジ
この件でまたケンカ
寝不足で
疲れた私は
台所のテーブルに
突っぷして
しまう
……
ホットフラッシュもひどい
さて昼どき
足痛いから
タクシーで
いつもの店
行く？
食欲なんてねーよ
………
じゃ
○○寿司
は？
そっちの
方が
遠いじゃ
ないか
デパートの
食堂に
行く？
ついでに
服みる？
なんで段々
ハードルが高くなる？
でも
せっかくの
…
結局
カラカラカラ

デパートの食堂で
昼食をとり
このスリッパいいね
買う?
商店街で
ハハの服を
あれこれ
見る
これは?
う〜ん
二軒目
まだ?
どーしよーかな
三軒目
まけて
ハア
ホットフラッシュ
四軒目
まだみるの?
ハハの歩行車↓
フリーサイズ
もうダメ
帰らせてよ
私の方が
先にダウン
更年期→
あらら
タクシーで
帰宅
ハハはバスで帰る?と言った
元気な時の
この底知れない
体力
ゴロゴロ
あーつかれたつかれたー
頭がしっかりしてさえいれば
もっと色々
楽しいことが
できるんだろうに

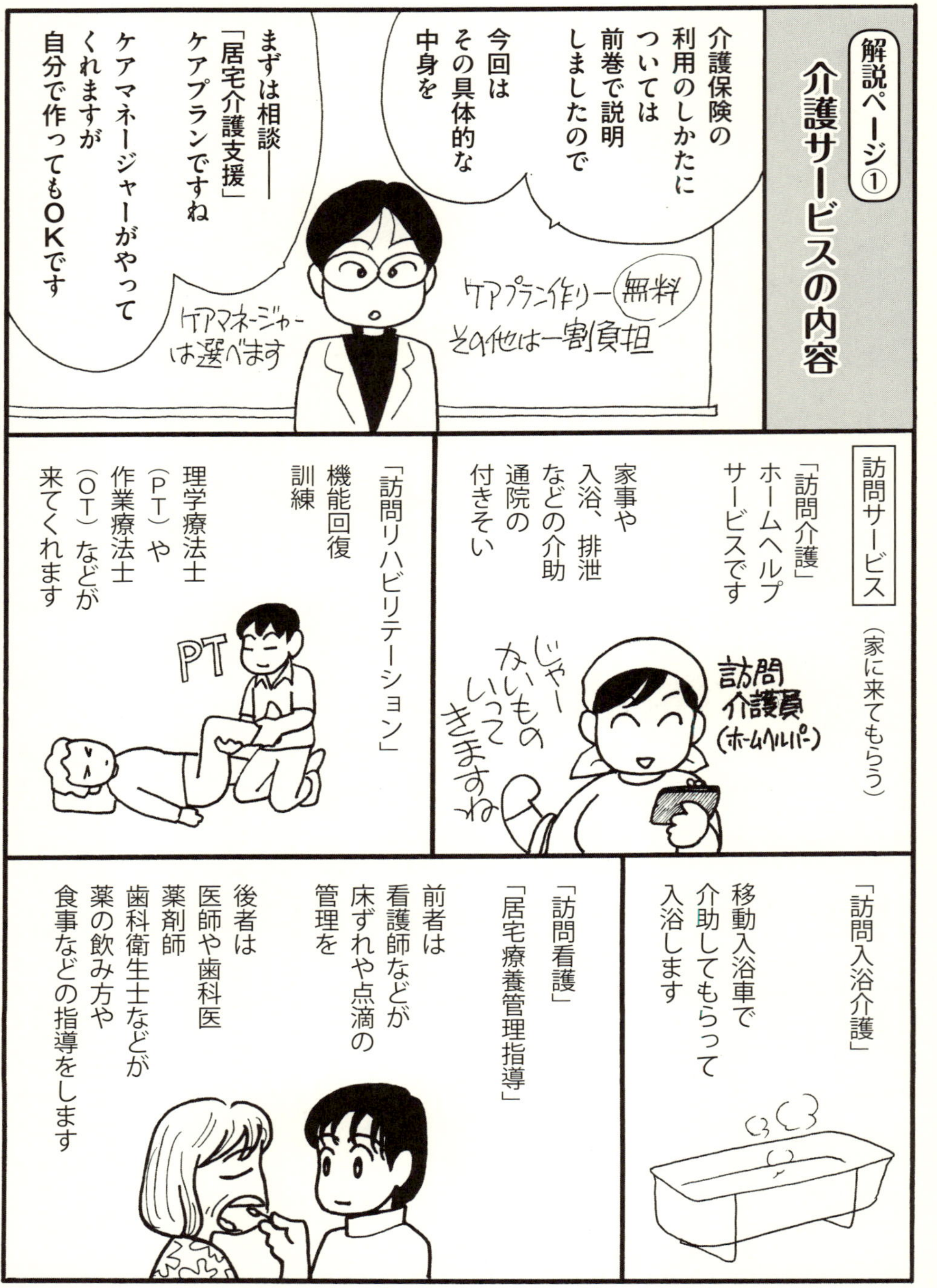
解説ページ①
介護サービスの内容
介護保険の利用のしかたについては前巻で説明しましたので
今回はその具体的な中身を
ケアプラン作り一無料
その他は一割負担
ケアマネージャーは選べます
まずは相談——「居宅介護支援」ケアプランですね
ケアマネージャーがやってくれますが自分で作ってもOKです
訪問サービス
（家に来てもらう）
「訪問介護」ホームヘルプサービスです
家事や入浴、排泄などの介助
通院の付きそい
訪問介護員（ホームヘルパー）
じゃーないものいってきますね
「訪問リハビリテーション」
機能回復訓練
理学療法士（PT）や作業療法士（OT）などが来てくれます
PT
「訪問入浴介護」
移動入浴車で介助してもらって入浴します
「訪問看護」
「居宅療養管理指導」
前者は看護師などが床ずれや点滴の管理を
後者は医師や歯科医
薬剤師
歯科衛生士などが
薬の飲み方や
食事などの指導をします

通所サービス
（送迎つき）
「通所介護」（デイサービス）
センターなどで食事・入浴や機能訓練ほかいろいろ
（送迎は本人のみです）
お花見遠足
「通所リハビリテーション」（デイケア）
施設や病院などで日帰りの機能訓練をします
短期入居サービス
「短期入所生活介護」（ショートステイ）
施設に短期入居して生活します
「短期入所療養介護」（医療型ショートステイ）
どうされました？
ねむれないの－
その他のサービス
「福祉用具貸与」
「特定福祉用具購入費支給」
「住宅改修費支給」
前の巻をご覧ください
そして「特定施設入居者生活介護」（別項）
施設への住みかえですね
それから「地域密着型サービス」
これは各自治体が行っているものです
訪問型
通所型
入居型
定期巡回
など
詳しくは役所窓口へ
パチパチ
パチパチ

保険制度以外のサービス
介護保険の認定がなくても利用できるサービスがあります
市区町村の生活支援事業やNPO法人生活協同組合農業協同組合民間のボランティアなどで行う支援事業民間企業のサービス
昼の分です
弁当宅配サービス
安否確認を兼ねてます
誰も出ないと私に電話が来ます
老人福祉法で受けられるサービスもあります
・福祉電話の貸し出し
・出張理容・美容サービス
・車イスの貸し出し
・火災安全システム
・緊急通報システム
・徘徊高齢者情報検索システム
・配食サービス
ウッ
胸が…
ペンダント型通報装置
・洗濯サービス
・買物代行
・ゴミ収集
・清掃手伝い
・ふとん乾燥
・シーツ交換
・オムツ支給
・住宅改修助成
・敬老マッサージ
・介護予防事業
など
など
もってってくれるとたすかるわ～
ごみが出ていないと登録先に電話が来ます
シルバー人材活用とかもありますね
たいていは有料ですが無料のことも役所などで調べてみましょう

介護のプロたち

介護は家族だけでなく社会で担うものです
頼りになる有資格者は介護現場でなくてはならない存在です

- **ケアマネージャー**（介護支援専門員）
  ケアプランの作成、利用料の計算、業者との連絡調整、要介護認定のための調査など〔公的資格〕

- **主任ケアマネージャー**
  地域包括センターでケアマネージャーを支援
  介護予防のケアプランを作成
- **ホームヘルパー**（訪問介護員）
  高齢者の家を訪問、生活介護、身体介護、相談〔民間資格〕

- **介護福祉士**（ケアワーカー）
  身体・精神に障がいのある人に必要な介護〔国家資格〕

- **社会福祉士**
  （ソーシャルワーカー）
  身体・精神に障がいのある人のケアについて、相談やアドバイス
- **福祉用具専門員**
  用具のレンタルや販売にあたり、運び方や使い方をアドバイス
  〔民間資格〕
- **福祉住環境コーディネイター**
  医療、福祉、建築について知識があり、住みやすい環境についてアドバイス
  〔民間資格〕
- **ケースワーカー**
  福祉窓口などで福祉サービスの組立をする〔公的資格〕

- **理学療法士**（ＰＴ）
  事故・病気で身体機能が損なわれた人の機能回復訓練をする〔国家資格〕
- **作業療法士**（ＯＴ）
  身体・精神に障がいのある人に、手芸や工芸などの作業を通して、動作機能と生活への対応力を高めるための訓練をする〔国家資格〕
- **言語聴覚士**（ＳＬＴ）
  事故や病気で言語・聴覚機能が衰えた人の機能回復訓練をする〔国家資格〕

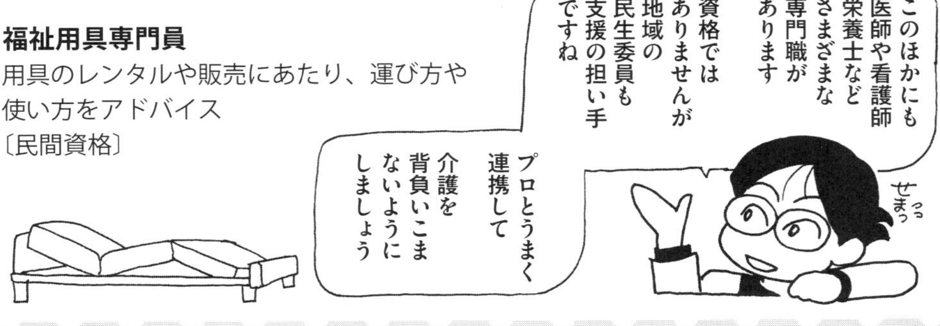
このほかにも医師や看護師栄養士などさまざまな専門職があります
資格ではありませんが地域の民生委員も支援の担い手ですね
プロとうまく連携して介護を背負いこまないようにしましょう

6 サク乱のハハ
七月半ば 介護認定（継続）のための面談
はい これは何本ですか？
今の季節は？
夏
始めは従順に答えていたが しだいにイラつき出し
こんなの聞いてどういうつもりなの⁉
わっ！
なれっこ
なんなのあの人はバカにしてさ〜〜なにがこれは何本よ
クドクドクド
その頃市内に住む伯父（父の兄）がハハを訪問
久しぶりだな
我が家の今の窮状？を耳にして説得に来たのである

○子くん
三択
だよ
ハハの名
①このまま
ここで暮らす
②娘と二人
J市で
家を買う
③老人ホーム
へ行く
①も②も
ちょっと無理
だよね
③が一番
丸く収まる
と思うけど
「老いては
子に従え」
と——
…行きたく
ない…
え?
行きたく
ない〜〜〜!!
ここに
いさせて〜〜〜
そんなトコ
行くの
イヤ〜〜〜
申し訳
ありません
わざわざ
ありがとう
ございました
うん
しかしまあ
何というか
——
アンタも
大変だ
なあ
ただし
後日
息子には
「ちゃんと
してくれる
ホームがいい」
と
言ったそうで
気分によって
言うことは
コロコロ変わる

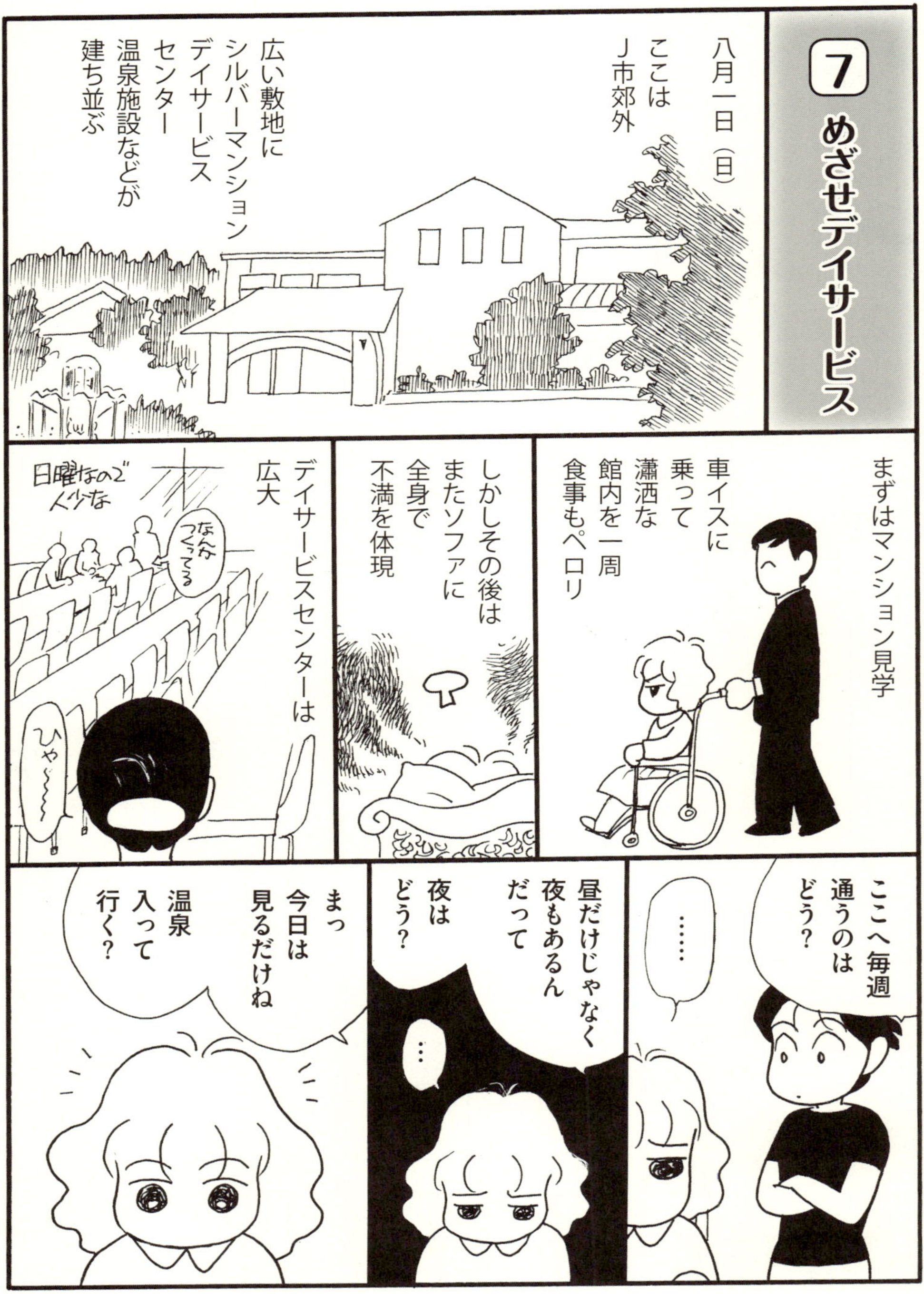
7
めざせデイサービス
八月一日（日）
ここはJ市郊外
広い敷地にシルバーマンションデイサービスセンター温泉施設などが建ち並ぶ
まずはマンション見学
車イスに乗って瀟洒な館内を一周食事もペロリ
しかしその後はまたソファに全身で不満を体現
デイサービスセンターは広大
なんかつくってる
日曜なのに人少な
ひゃ〜〜〜
ここへ毎週通うのはどう？
……
昼だけじゃなく夜もあるんだって夜はどう？
…
まっ今日は見るだけね温泉入って行く？

入る
あ そ
そう
来ると
思った
「見学の時
タオルいるの
よね」と朝言って
いたからだ
温泉大好き
久しぶりの
温泉
しかも
露天
毎週
温泉に
入れるよ
どう？
……
帰りの車
アイス
食べ
たい
へ？
近くのコンビニで
降ろしてもらい
食べながら
帰る
今「どう？」
って言うのは
ヤメよう
この
上キゲンを
壊して
しまう
♫
「今」しか
生きてない
ハハであった

8
愛なんかじゃない
電話の声が遠い〜〜〜
とハハが言うので
電気屋を呼ばず耳鼻科に連れて行く
耳垢がイッパイたまってましたよ
時々掃除に来てください
まあよくも次から次に
さて私はまた一つデイサービス見学
今度は老健だ
街のどまん中にあり交通至便
でも建物が古くて暗いカンジ
今は満員で空きはなかった
デイサービス←ショートステイ←ロングステイ←入居──と
徐々に外に出て他人と暮らす生活に慣れさせるというプランを私は立てていた
見学リスト
ゆくゆくはなんて言ってられなくなってきたもんな
というのも

せっかく手術して歩けるようになったのに
あいかわらず
ゴロゴロ
リハビリしなよ
病院でもやってるよ
しないと歩けなくなるよ
ん〜〜〜
本人も頭ではわかっているはずだ
でもヤル気が出ない
そういう病気だから
だって
メンドーだもん
ならばそういう環境にブチ込むしかない
デイに行けば寝てばかりいられまい
食事も人と食べられるし風呂にも入れてもらえるのだ
とにかくゴロゴロしているハハを見るだけで苦痛
こんなカオになる
うんざり
ケアマネ曰く
娘が来てくれると思ってできる事もしない
依存が強いんですよね
共倒れにならないためにも毎週は来ない方がいいかもしれません
う〜ん
へやの外で密談

なかなかそうも
いかないのである
このころ
ガスコンロの火がつかない？
ヘルパーさんに頼みなよ
やってみてくれたけどだめ〜〜〜
すぐ来て直して〜〜
無茶言うな
同階のヒト上階のヒトに電話して
すみませんみてもらえますか
でもダメ
新しい電池に換えてみたんですけどつきませんでした
民生委員さん
すみませんわざわざ…
週末までハハに電子レンジだけでしのいでもらう
ゲッ
そして土曜午後
……いつから待ってたの？
今ベランダから見えたから
つまり朝からずっと張っていたらしい

そして問題のガスコンロは
…
ボッ
どーゆーこと？元栓を閉めたままだった？なぜ誰も気付かない？
それとも何かの呪いか？
やっぱりアンタに来てもらわないとダメだわ〜
以前某雑誌の対談で
最初は十年以上も毎週通って介護するなんて親子の愛情ってすごい！と思いましたが
介護ジャーナリストO氏
そうじゃなくムスメさんが動かないとお母さんがもっと大変な事態を招くからなんですね？
そうですね
「愛です」と言うのがカッコいいのかそれともカッコ悪いのか

9
ナイトサービス
初体験
一〇月九日（土）
夕方四時
身内の車で
到着
まばゆいエントランス
送迎者には
本人だけで
私は乗れないからだ
さっそく食堂で
おしゃべりしていた
人達が
こっち
来て
お座り
まあ
ヒザの手術
したの？
I病院？
あら
S先生
私も
そうよ
私ばかり
話していても
意味がないので
席をはずす
入院の導入部は
空振り
表情は固く
お菓子にも
手を付けない
あのいやじんぼが
一時間後
ボソ
帰り
たい
男性職員に
カラオケルームや
リハビリ室を
案内して
もらう
意外に
体力は
落ちてなかった

夕食はほぼ完食
さっきの二人と今度は何やら話している
その後廊下を一緒に歩いたりしていたが
リハビリなのよ
大多数の人たちは娯楽室にTVを観に行ってしまう
帰りたい
スタッフに促され温泉へ
そまびとの湯
しかし
アンタは一緒じゃないの？ならイヤ
入れるのはサービスを受ける本人だけだ
フロア責任者からは
けっこうむずかしいですねえ
契約するかどうかケアマネと相談してください

再度温泉へ
チャレンジ
誰も
いないよ
私は足湯で
つきあうから
スタッフと私で
なだめすかし
やっと温泉に
入る
上がるともう
八時
そろそろ
終了です
みなさん
バスへ
どうぞ
帰りの車中（タクシー）
来た時より
ずっと
顔色もよく
もっとゆっくり
つかりたかった
わ〜〜
アンタも
入れば
いいのに
などと言う
現金さ
まずは成功…
なのだろうか？
このカオなら
何を考えてるのか
読めない
次回は
どうしよう
一人バスで
行くとも
思えないし
私が駅から
バスに乗って
むこうで合流
して
タクシーで
帰るか…
やはり前途は
多難そうだ

つかれた
おぶって〜〜
できるか
じゃ
救急車
呼んで〜〜

10 カサンドラ
一〇月三〇日（土）
ナイトサービス体験
二回目
こぎつける
まで
三週間
なんで
そんなトコ
行かないと
ダメなの？
ハハに黙って
契約を
してしまう
前回のお二人と
食事を一緒に
させてもらい
スタッフに
なだめすかされ
やっと風呂に
入ったが
カチーン
帰りの車中
ではまた
氷
けっこう長いこと
老人会には
参加してた
のにな
ココが
合わないって
ことか？
まどのそとも
みない
契約も
しちゃったし
とにかくあと
一回は
行かせて
みないと
やっぱり
前途多難

う〜ん
やっぱり服がネックなのかな
ぎっしりのクローゼット
友人・知人の情報によるとデイサービスへの最初の関門はやっぱり服
お母さんたちのセリフはみな同じ
「何着て行けばいいの?」
限度額までまだ余裕があるし
ヘルパーさんに支度を頼むのはどうだろう
服は毎週私が選んでおく
で ハハの持ってる服(秋冬)を整理しに
なにこれいつの?
ふん
明らかに三十年は着ていないものや新品のままのもの多数
古いカバンにはカビが生えビニール製のものは互いに接着して使用不能
しかし
これとこれ捨てるわよ
イヤぁ
高かったのに〜〜
予想通りの反応

高価なものは相応の管理をしませんと
二度と着そうもない服も選んでおりますが
鬼娘
これとかこれ
それとこれも
エ
おいといてよ～～～
老人は思い出を捨てるのをいやがる
コッソリ捨てたり持ち帰ってリサイクルに出してやろう
永久にはかないスカート
そしてお金の管理
いちいち請求してたけど
ある程度まとまった金額を預けてもらって事後報告にしてよ
アンタにまかせるわ
もう計算メンドー
だんだんできることが少なくなる
そして帰ればあいかわらずの電話攻勢
お父さんいつ死んだっけ？
このテレビや冷蔵庫はなんで買ったの？
年賀状どうしよう
足のウラが痛くって
お金っていまどうなってる？通帳ツケコミに行かないと

そういえば
ハハそっくりの人がいた
ハハの妹だ
電話をかけてきては文句と泣き言ばかり
……が——なせいで
お金ばかりかかるの
もう体の具合が悪くて悪くて
ハァ
何でこんなコトに
何の楽しみもないのよね
しかし脳梗塞を起こしてからはこうだ
毎日楽しく暮らしてるわよ♬
アンタも体に気をつけてね
ハハは言う
あのコボケてなんかいないわよ
いつも幸せそううらやましい
ブツブツ
そーかなー？
しかしこれは大変なマチガイであったのだがそれは後日
そして今日もハハの最後のセリフは
誰もわかってくれない〜〜!!
叫んでも周囲からマトモに聞いてもらえない
トロイアの予言者カサンドラ

11 元気で迷惑なひと
十二月
毎週のように施設見学に行き片っぱしから入居申しこみ
おー立派
グループホーム三件
有料老人ホーム一件（他都市）
そして年の瀬
GHの一つを本人見学
入ったとたん不穏
玄関のイスに座りこむ
私がケアマネやナースと話していると
つかれた
ゴロリ
お茶はのんだ
グループホームは認知症の人が共同生活する小規模施設
せんたくものをたたんでた
協調性がないと暮らせない

なおも話していると
もう帰る！
サッサとコートをはおり玄関まで行って
帰るわよ！
早く来て！タクシー呼んで！
――と私を呼ぶ
出入口はスタッフしか開けられない
ちょっとそこで待っててよ部屋見てくるから
和室
暗い
せまい
これはダメだろうなと思った
タクシーきました
翌日
お元気で外出したがる方なので
ほかの入居者にあまり良くない影響があると思うんです
娘に見合いをさせる親の気持ちを味わうことができた
こうして2010年は暮れた

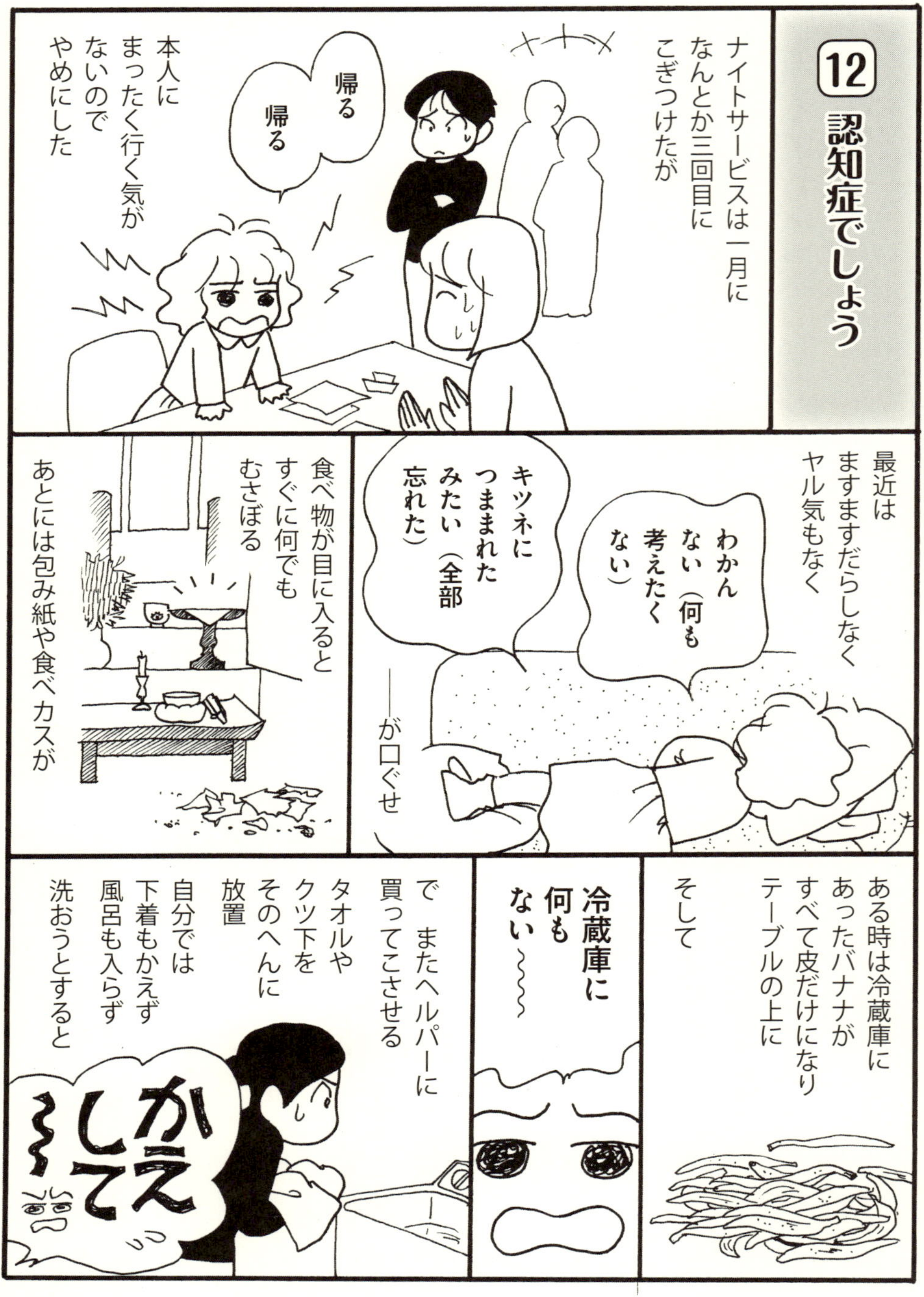
12
認知症でしょう
ナイトサービスは一月に なんとか三回目に こぎつけたが
帰る
帰る
本人に まったく行く気が ないので やめにした
最近は ますますだらしなく ヤル気もなく
わかんない（何も考えたくない）
キツネにつままれたみたい（全部忘れた）
——が口ぐせ
食べ物が目に入ると すぐに何でも むさぼる
あとには包み紙や食べカスが
ある時は冷蔵庫に あったバナナが すべて皮だけになり テーブルの上に
そして
冷蔵庫に 何も ない～～～
で またヘルパーに 買ってこさせる
タオルや クツ下を そのへんに 放置
自分では 下着もかえず 風呂も入らず 洗おうとすると
かえして～

二月末
恒例のMRI
前頭葉が
縮んでますね
去年と比べて
黒い所が
増えてる
でしょう？
ひとごと
帰りにスーパーへ
寄る
飛び出し
ちゃ
ダメ！
まだ
赤だよ
試食のイチゴを
いくつ
食べるの
パク
パク
ポイ
買い物している私に
お構いなしで
ズンズンどこかへ
行ってしまう
あ
いた
また
つまみぐい
タクシーを呼んだら
袋詰めしている私を
ほっといて
自分だけサッサと
乗りこむ
これは本当に
うつ病か？
どう考え
ても
すでに
認知症だ
しかし
どう
言って
検査を
受けさせ
よう？

13 イライラがつのる
二〇一一年 二月
とにかく一人でいる時間を少しでもへらし脳と腸と足のためにリハビリをぜひもう一日
リハビリしないと筋肉がへってくよ
そんなことない アタシはみんなとちがう
私を助けると思ってもう一日入れてよ
なんでアンタが助かるの?
この頃は新聞もまったく読まなくなりテーブルの上に積み重ねるだけ
TV欄を見ても
全然違うのばかりやってる
?→
ブツブツ
弁当の注文もできなくなった
業者が判断して持ってくる
たぶんきたらすぐたべる
家賃は電話で振りこんでいたのだが
高いわねえ 一度払わないでいてやろう
通帳
私が時々記帳しにいく
などと言いながら本当に払わなかった当然督促状が来た
払ってくださいね!!
こんなん今まで送られたことない 気分めいって何もする気にならない
スグ払いこみゃいいだろうが!!
子機
たくもお

ある日曜
ランチのあと
じゃ いつものカットハウス行こ
いや
帰る
スタスタスタ
こんな時にはすごい早足!
え?
さっきまできげんよく
え? なんで?
行こうよ ね
バシッ!!
いや!!
スタスタスタ
あー わかったよ! 勝手にしな!!

私はそのまま旅に出た
ホーホケキョ
おっ
といっても数キロ先の量販店まで行ってウロウロしてただけ
ビ……ン
どこにいるの早く帰ってきて〜〜〜
ハイ
あーそのうちね
完全に幼児がえりだ
ケアマネに相談
受け入れができないので人の言うことは無視するんです
自分のカラを破ろうとする人に対しては
①「寝る」
②「泣く」
③「知らんぷり」
なるほど
理学療法士とリハビリを増やす件で訪問したらえらい勢いで追い返されたという
それより床ずれができかけてるんですよ
あれだけ動けるのに
ゲッ
ヘルパーと娘が来て何とかなっているので自分ではできることもしようとしない
このままでは今できること（少ないが）もできなくなってしまう
施設介護に移行させるには「一人では暮らしていけない」と思わせないと
サナギ前イモムシ

思いおこせば
ハハの母は
体が弱く
気のキツイ
女だった
よく
にてると
言われた
だから
ハハは
家のことを
よくする
「大人しくて
よくできた
長女」だった
妹のせわもよくした
長女だから
両親の老後を
見ないと と
三男坊と
結婚した
マスオさん
ガンに倒れた
父と夫を送り
ハハを呼ぶ
祖母の声
寝たきりに
なった母と
二頭の犬を
介護し
看取った
玄関土間で
寝ている犬
だからもう
セッセと働いて
人のために何かを
するのは
イヤなのかも
ソファは
ママの
ひざまくら
子どもの頃
チヤホヤされたり
ベタベタ甘えたり
できなかった
穴を埋めようと
しているのかも
しれない

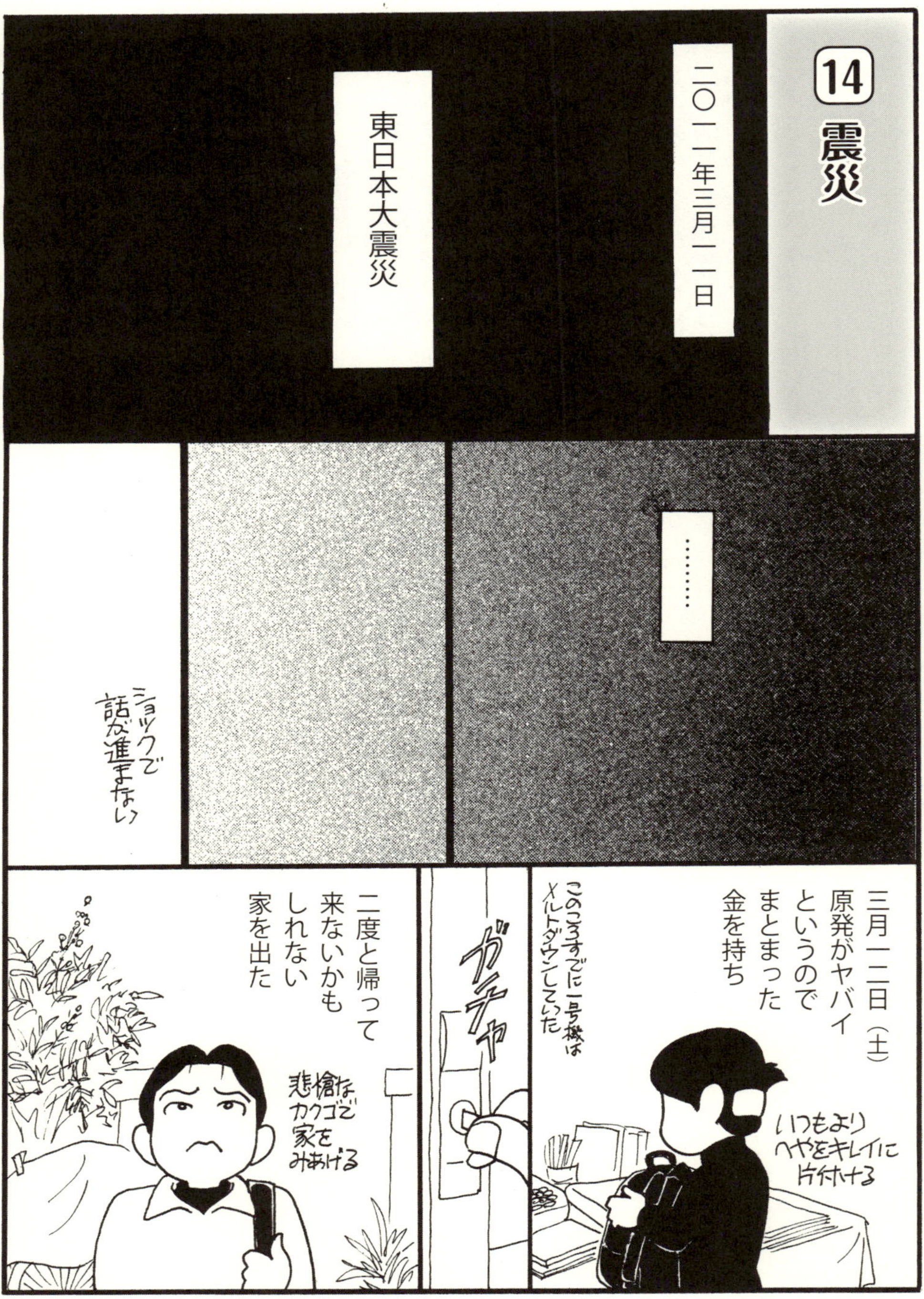

14 震災
二〇一一年三月一一日
東日本大震災
……
ショックで話が進まない
三月一二日（土）原発がヤバイというのでまとまった金を持ち
このころすでに一号機はメルトダウンしていた
いつもよりへやをキレイに片付ける
ガチャ
二度と帰って来ないかもしれない家を出た
悲愴なカクゴで家をみあげる

3号キは核爆発だという話があります

それにしても
てっきり
ニュースに
おびえてる
のかと
思ったら
えー
なおんない
のー
ブーブー
なんで
？
ま
そりゃそうだ
あたしら
すごい
ラッキーだよ
いつものように
かいもの
できた
なんでよ!?
もはや
ドラマも
理解できなく
なってるんだった
三月一三日（日）
ランチと
カットハウス
いつもと
同じ
日曜で
いいのだろうか
昔B市に
通ってた
頃も
Y市に帰ると
普通の暮らしが
あったのが
不思議だった
おおっ
ジャー
水が
流れるっ
帰ると
まだこんなの
やってる
NHKに
して～～
これが
NHK
だよ
あした（あさって
だよ）「火曜
コンサート」
見られる？
たぶん
ダメだよ
え～～
なんで～～

B市の海沿いのホームからパンフレットが届いていた
皮肉なことだ
あんな映像見て海辺に住みたいとか思えないよな今
なんでよ?
じゃあ人間は誰も海のそばに住めないじゃない
日本中がそう思ってるよきっと
地震も津波も原発事故も彼女の理解の外
現地の認知症のお年寄りたちはどうなっているんだろう
DVDプレーヤーでCDをかける
訳もわからず自宅で亡くなったり
寒い〜
オナカすいた〜
帰る〜〜
避難先で「家にかえる〜〜!」と周囲を困らせたり
もしハハが認知症（もうそうとしか思えない）でなかったらパニックを起こし私はつきっきりだったろう
どーしよ
どーしよ
どーしよ
←本当のハハ
どうやら一人にしても大丈夫と判断した私はハハの家を後にした
何だいいやら悪いやら…
ああ私は家に帰れるんだ…
しかしこの後も2基も爆発したのだった

15 望みしは何ぞ
二〇一一年四月
この頃 カットハウスに 行くのを 嫌がる
自分より少し 若いだけの お母さんが 元気に働いてるのを 見るのが つらいそうだ
みえっぱり
アタマが臭い
水のいらない シャンプーを試す
イターイ
もっと上手にしてよ
じゃー店に行けよ
便もれも 多くなり ぶ厚いパッドを つけている
来週は花見に 行こうね
………たぶん ムリ
マトモに聞いてはダメ
ひゃー キタネ
翌週
着がえながらも
たぶん 公園まで 行けない と思う
と
言っていたのが

キレイだねえ お堀まで行ってみようか
うん
歩行車を押してなんと三キロを踏破
気がノれば色々できるのにと思う
何かする前にとりあえず
できない
ムリ
——と言うことにしているらしい
ならばとにかく
大丈夫
できる!
手伝うから
と励まし続けないといけないのだ
アナタの境遇なら羨む人もいるだろうに
私が帰る時のカオ
?
でも望んでることが叶わないから不幸なんだね
本当は何が望みなの?

おしっこ

ハハの部屋で繁茂する植木たち

生気に
あふれて
いる

16 今しかないひと

二〇一一年五月
あいかわらず毎日サク乱して電話してくる
早く帰ってきて〜〜〜
ワタシ新聞代どこから払ったの?
歯（の詰め物）が取れた〜〜〜
便が出ないの〜〜〜
リハビリのお金が高い〜〜〜
主治医の心療内科医
う〜〜〜ん
オシャレしてる
一度専門医にくわしい認知症の検査をしてもらったら?
ウチじゃ無理だよ
先生そんなのいりませんわ
今のままで十分

クスリも
余っている
どう考えても
ちゃんと飲んでいない
たっぷり
百均でポケット壁かけを
買ってきて
テーブル脇に吊す
こういう
ふうに
しといた
からね
ヘルパーさんにも
言っとくから
ちゃんと飲んでよ
日めくり
カレンダーは
毎朝ちゃんと
破っているので
大丈夫かな!?
2
ハハはもう
「今」しか
生きていない
できれば
何もしたくない
何も考えたく
ない
外食も
通院も
洗髪も
着がえも
風呂も
私が
半強制的に
やらせている
だけ
ヘルパーや
PTが
来なければ
日がな一日
寝ころがって
いるのだろう

17 体験入居

六月二六日（日）
昔住んでいた
校区内に
J市初の
介護付有料
老人ホームが
できた
とにもかくにも
申し込み
何とか体験入居に
こぎつけた
ここへ来るまでに
私は
老人ホーム四件
シルバーマンション
三件　グループホーム
三件を見学している
ハハが実際に
足を運ぶのは
四件目
しかも今回は
お泊まりだ
別に見学
したからって
入居するとは
限らないよ
とにかく
見てみないと
どんな所か
でも〜〜〜
私も一緒に
泊まるから
申し込みはすでに
四月にしてあった
説得に二ヵ月
かかったわけだ
診断書
入居申込書
午前中に来訪
昼食・おやつ・夕食
入浴・就寝
翌日の朝食までの
一泊コース
ようこそ
いらっしゃいました
料金は大体
ビジネスホテル
一泊くらい

昼食後
前の席になった女性が能をやっていたというので部屋にお邪魔する
娘と嫁に家を処分させ自分で決めて来たそうだ
これ発表会
「花月」を演ったのよ
ウォークインクローゼット
小さい頃かかっていた近所の病院の理事長と出会う
奥さんがパーキンソン病なのだそうだ
なんか覚えてるよ
ちゃんとせびろ
一六時　入浴
イヤ〜〜
いらない
コワイ〜〜
せっかく来たんだからさ
なだめすかして入らせたが
ギャアアアア
カットハウスと違いうつ向けだったのでワーカーをビビらせる
すでに十数人が入居していたが
モデルルームの斜め前の住人が訳のわからないことをわめいたり
ここでもねてばかり
スタッフをバトウしたり
ウソつき!!
△△はいつもいつも〜〜
中はゴミ屋敷

対応の仕方を
見ていると
のぞきみ
なんだか認知症の
人への接し方が
不慣れなカンジ
激昂を
抑えるのに
説得したって
ムダなのだ
(私もやってるけど)
この人にてこずって
いるなら
ハハの入居は
ないかもしれない
面倒が
増えるもんね
やめて
実はここには一度
ハハを連れて
来たのだが
前回同様
不穏になって
「帰る」「帰る」とわめいて
施設長を当惑させたのだ
今回はおとなしく
部屋で
寝ころがって
いるが
TVがない〜〜
デイルームにあるよ
みにいけよ
ブツブツ
簡易ベッドを
借りて
ハハの隣で
寝た
カー
寝言は
なかったが
部屋が閉めきりで
暑くて眠れない

朝食後
もう帰る〜〜〜
十時に施設長が来るから待っててよ私支払いしてくる
二人で一万千円ちょっと
施設長来室
気げんよく過ごされたようですね
まだ30代？
今度はぜひお一人でいらしてください
この若さで施設長かどうなんだろう
このハハを受け入れてくれそうな人か判断がつかない
三ヵ月後「満室になった」との電話があった
やっぱりね
そうですか
わかりました
失礼します
縁がなかっただけなのか
それともこんなパターンが延々続くのだろうか
あ〜不安

18
成年後見人
七月　電話での会話
何していいかわからない
こっちはチョー忙しいよ
注：この対応は×
ただ不安なだけなので
何かなぐさめの言葉を
ホームに行こうよ
ここにいても寝たきりに一直線だよ
うん…
注：上からのもの言いは
プライドを傷つけます
○○さんがとこがうらやましい子供たちと一緒に住めて
私一人が落ちぶれて
でも働いてないよ
別に貧乏してないよ
注：グチはただ
聞いてやってれば
落ちつきます
最近はもう
新聞も読まず
弁当の注文もできず
日誌もつけなくなり
薬はのみ忘れ
TVの内容は理解できず
失禁は多くなり
これ今回の領収書引き出しに入れとくよお金もらうよ
ん～
金銭管理も
難しくなってきたので

成年後見制度を利用することにした
これは未成年の財産を管理する後見人制度を成年に適用するもの
七月二五日二人で公証役場へ
公証人からの説明を受けたあと急に
お金も通帳も全部ワタシが管理します
今までだってずっとやってきたんですよ！
——と言い出す
六月からずっと書類を揃えてやっとここまで来たのに何なんだこの土壇場でいつも「イヤ」「聞いてない」は
うんざり
そこは公証人センセ慣れっこという感じで
すぐにも発行できて実効力のある「財産管理契約」もあるけど
この状態だとやはり後見人がいいね

しかし今みたいに急に「いや私が全部やる」とか言い出すと裁判所がどういう裁定をするか
ハハは勝手に中座し事務の女性にグチり始める
そして
もう帰る~~
もう少し待ってよ私の苦労も考えてよここまで
イヤ帰る~~~
もく もく
できましたよ
どうぞ
あハイ
ハイじゃあここにね
署名と実印
委任者(甲) ○○ ○○
任者(乙) ○○ ○○
……
つきものが落ちたよう
何だったんだ
ともあれ公正証書完成
公正証書

この書類をタテに
定期預金を普通口座に
移していくことに
したのだが
そのうち
使うはず
だからね
法定でなくまだ
任意の後見人受任者なので
都市銀行からは
ダメ出し
やはりご本人様に
来ていただきませんと
営業が訪問していた
信用金庫と
地方銀行は応じてくれた
（ただし本人に電話で確認）
ハハはとにかく
少額でもすぐ定期に入れて
しまう
やめてよ
「リスクは分散」
というわけで
取引銀行も多数
証書
通帳
死んだ父の通帳には
「残高九円」なんてのも
あり
申告してない
脱税で捕まる
どーしよ～～～
破ろう
ビ！
元銀行員で
利殖が好きで
毎日そろばんで
家計と貯金の管理を
していたハハ
しまえよ
今は
買い物をしてきた
ヘルパーから
渡されたレシートとお釣りを
テーブル上に放置しっ放し
おかえり～
ソファからよばわる

解説ページ②
成年後見人制度
「成年後見人制度」は二〇〇〇年四月に介護保険制度と一緒にスタートしました
将来認知症になったり寝たきりになった時のために「後見人」を定めます
それまでは「禁治産・準禁治産制度」といって主に家の財産を守るための法律がありました
ぺた
禁治産者
施行は明治時代
戸籍にも記載
新制度は本人の日々の生活を支援・保護するのが目的です
本人に代わっていろいろな契約や手続き・お金の管理などをします
あら〜いいのに
No!
悪徳業者
制度には「法定」と「任意」があります
まだ判断能力があるうちに「この先何かあれば○○さんに任せる」契約を結んでおくのが「任意後見制度」です
任意後見契約公正証書
おなじもの
任意後見契約公正証書
私とハハもこの契約をしました
「○○さん」は身内でない個人でも複数でも法人でもOKです
生活をサポートします
金を管理します

後見人の役目は「財産管理」と「身上監護」です
けっこう入ってるな
このムスコ
大丈夫なのかしら
通帳
「身上監護」とは介護サービスや入院や施設入所の手続きをしたり
医療やサービスの内容をチェックしたり
本院が生活していく上での面倒をみることです
マネージャーですね
実際の家事や介護をするのではありません
私は家族なのでやってますが
ねー ゴハン
しかもタダだし
この契約は公証役場で本人と任意後見受任者（まだ「後見人」ではない）が立ち会って公正証書をつくります
ただし契約してもすぐに後見は始まりません
センセ服装がまちがってます
セリフも
チカイ
マスカー
証書
公正証
本人にいよいよ判断能力がなくなってきたら
これでカネが自由に使える
いやちょっと待って
？
「任意後見監督人」が必要です
後見人が事務処理やお金の管理をちゃんとやっているかチェックする人です
原則として本人の申し立てで家裁が選任
ちゃんとやってくれてる？
ハイ
今月の収支レポート
拝見しましたOKです

家裁が監督人を選任して初めて任意後見が始まります
ちっ
ヨカッタ
では次に「法定後見制度」「任意」と違うのは後見人等は本人や親族、時には検察官や自治体の長などの申し立てにより家裁が選ぶことです
任意
本人
契約
後見人
法定
申立人
本人
家裁
そして「補助人」「保佐人」「後見人」の三つの類型があります
補助人
本人の同意が必要 日常の契約や手続きを代行 (「特定の法律行為」)
保佐人
本人の同意は不要 重要な契約などを代わりに判断 (「特定の法律行為」)
後見人
本人の同意は不要 すべての法律行為を代行
本人の判断能力によって権限の範囲が違います
どの類型を選ぶのかは申し立て人が決めます
また法定後見制度でも家裁が必要と判断したり本人や親族から申し立てがあれば監督人を選任します
うーん
なんかモメそうねえ
つけとこ
制度を利用するためには財産を調べたり書類を揃えたり面倒なことが多いです
家裁や自治体の窓口地域包括などにまずは相談してみましょう
申立書
戸籍
住民票
印紙代
登記印紙代
切手代

とりあえず契約はした
あと遺言書と尊厳死宣言があれば完ペキなんだけど
つかれた
カ ー

19
劣化すすむ
二〇一一年秋
足痛い〜〜〜
ウンコもれた〜〜〜
テレビがわからない〜
オオオオオオ
おたけび
来週は日曜に用事があって早く帰るので土曜の午前に来るから
ヘルパーさんの来る二時までにシャンプーに行こう
ヒュッ
なんかとんできた
アンタがナニ言ってるかわかんない！
まるめたクツ下
ケアマネからの助言
いきなり長い説明をしてもわからないんです
まず「来週は土曜は朝に来る」だけ
あとは補足していくんです
へやのそと
なるほど勉強になります

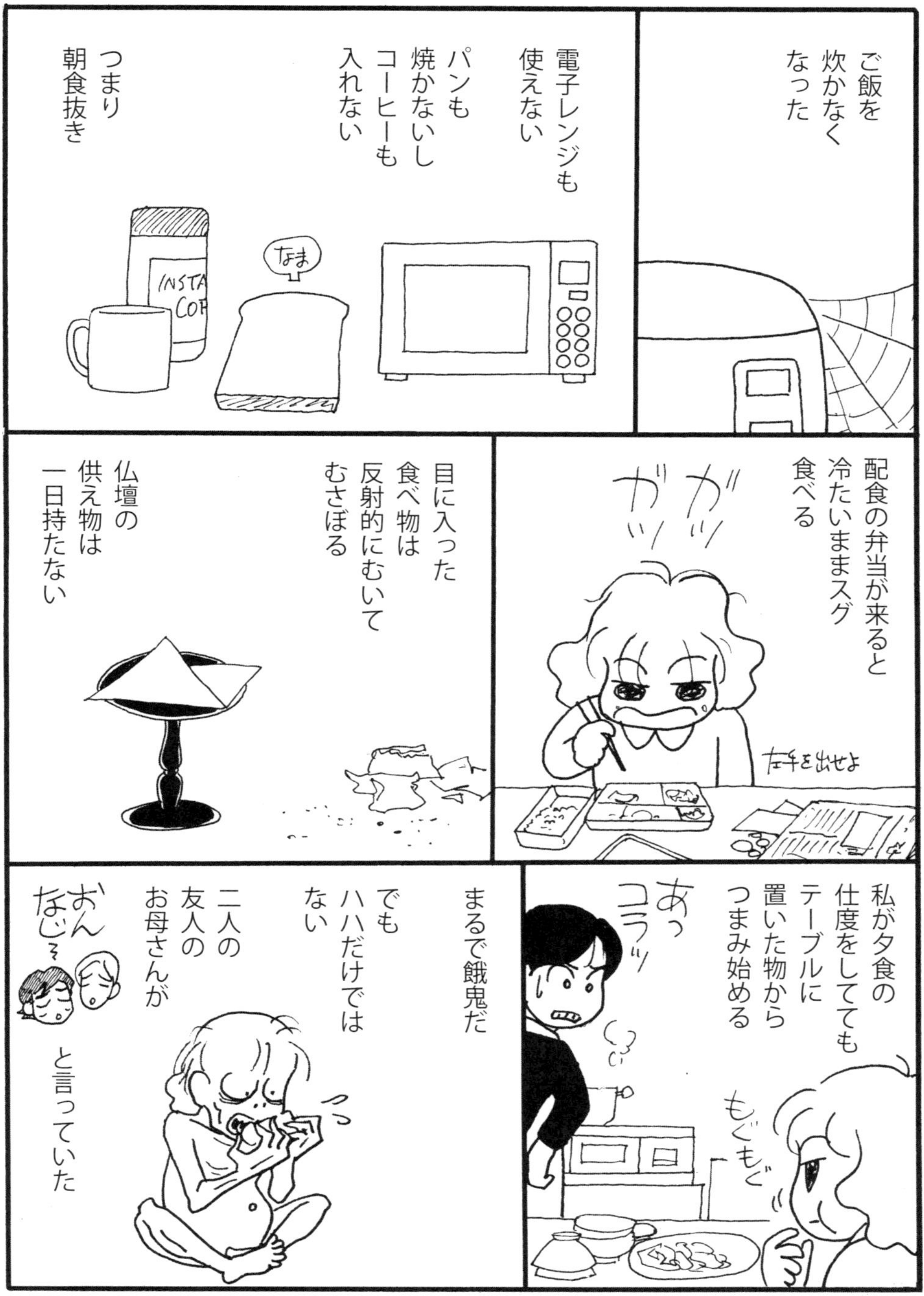

ご飯を
炊かなく
なった
電子レンジも
使えない
パンも
焼かないし
コーヒーも
入れない
つまり
朝食抜き
なま
INSTA
COF
配食の弁当が来ると
冷たいままスグ
食べる
ガツ
ガツ
左手を出せよ
目に入った
食べ物は
反射的にむいて
むさぼる
仏壇の
供え物は
一日持たない
私が夕食の
仕度をしてても
テーブルに
置いた物から
つまみ始める
あっ
コラッ
もぐもぐ
まるで餓鬼だ
でも
ハハだけでは
ない
二人の
友人の
お母さんが
おんなじ〜
と言っていた

20
めざせデイサービス
二〇一一年九月
何としても
ハハをデイサービスに
ぶち込みたくて
また新たな所を
見学
バス来んな〜
駅からは
ハハの家と
反対方向で
バスの本数も少ないが
本人は送迎付きなので大丈夫
九月二五日（日）
ハハを連れて
再訪
表情が
よめん…
カバンを
しっかり
抱いてる
日曜なので
人少な
Rさん30代
私が
R介護士と
話していると
気に入らないのか
三〇分も
たたない内に
もう
帰る！
グループホームの
時と同じように
サッサと玄関へ行き
クツをはいて
帰る
わよ
！
早く
!!

また同じパターンかと思いきや
みんなはじめはそうですよ
今タクシーよびますからね
それまで戻ってお茶のみましょう
と言いつつ
ずずず
まんまと呼び戻し成功
さっきまで「帰る!」と叫んでいたことは忘れたのか
ここが足湯です
さらに三〇分ほど滞在して帰る
さっきみたいにゴマ化しゴマ化し戻らせて
帰ることを忘れさせるんですよ
そのうち慣れて来られますよ
はー
若いのにこなれたヒトだ
ここなら行けるかも!

21 はじめてのデイサービス
一〇月五日（水）
昨夜から泊まりこみで荷物つくりと書類書き
上ばき
なまえのあるもの
マジックテープ
かえのパッドと下着
フロ用タオル
れんらく帳
○○○○様
万一の時のタクシー代
ポチ袋
送迎係から「九時一〇分ころ行きます」との連絡あり
きがえ手伝い
おとなしい
しかし途中であきたか疲れたかまたソファに
クツ下
はいてよ〜
ピンポーン
ホラ 来た 早く
お迎えは玄関先まで来てくれる
アンタは行かないの？
うん
ここで待ってる

アンタは行かないの？
うん
待ってるからね
ブー
一日中「もうお手上げです」「タクシー呼んで帰っていただきます」という電話がないかとおびえる
ゴウンゴウン
四時まえRさんから
RR
もしもしっ
おだやかにお過ごしです
午前中寝ておられましたが
午後はリハビリやレクにも参加されて他の方とも少しおしゃべりされてましたよ
ほーっ

五時帰宅
おかえりー
帰りの道をキチンと教えてくれましたよ
へーそうですか
ハハは元ドライバー
車はとうに廃車にしたが地図は頭の中に健在らしい
あ〜〜〜疲れた疲れたもう行けない〜〜
またですか
毎週行かないとダメなの？
おっ脈あり
行きましょうよ私はまた来週も火曜に来るから
「行くの？」はのり気のサイン
「行かない」でもやりようがありそうだ
え〜〜

ゴハンまずくてゴメンね
ワシが炊いたんじゃ

22
泣きたい気持ち
一〇月一二日(水)
デイ二回目
月曜には
何着て行こう?
と言っていたので
おお!行く気になってるじゃないか
新しいケアマネより
今のところおとなしくしてるようですね
うまく行けばいいですね
Sさん
ただ保険料の限度額をかなりオーバーしてます
それはもう背に腹はかえられませんから
でも大丈夫
「高額対象」になると高額介護(予防)サービス費の支給が受けられる
ハハは年金のみの非課税世帯なので対象になるのだ
前の本のP71をみてね
この頃は要申請
領収書と申請書を持って役所の窓口へ行っていた
おあずかりします

現在（二〇一六年）では
むこうで計算して
勝手に振り込んで
くれている
夕方五時　無事帰宅
少し疲れ気味だが
元気
おかえり
ホッとする
今日は遠足で
残った人数が
少なかったそう
次回は申し込んで
みる？
駅で電車に
乗る直前
ケータイに
TVが
変なの〜〜!!
すでにパニック
ラッシュアワー
車中から
ご近所のNさんにかける
ええ
うつら
ないって
いうんです
ひょっと
して
入力切替が
ヒソ
ヒソ
返事を待つ間
トイレに立った
これが
いけなかった

するり
ポチャーン
ケータイを
落とした!!
どうしよう大した情報は
入ってないけど新しいのにする
にはお金がかかるじゃないか
それにたった今TVがどうなって
いるか連絡がとれないそれに
してもあのキカイの色が気に入って
たのに〜〜いやそんなこと
今言ってるバアイではなぜよりに
よってポケットなんかにワタシのバカ
――と色々なことをいっぺん
に考えた後　Y市駅から
公衆電話をかける
どうなりました?
あ〜〜〜〜
そうですか
すみません
でした
なんとかTVは復旧

でも私のケータイは戻って来ない
帰るといつもすぐハハに電話を入れる
うん着いた
TV直った? よかったね
それでね
アタシ電車の中でケータイ落としちゃったよ
え〜〜〜
そんなの困るわよ
レンラクできないじゃない
早くなんとかしてよね
言われなくてもそうするわ
「まあ大変ね」とか「かわいそうに」とか言えんのかあのババア
誰のせいだと思ってるんだ

23
劣化さらにすすむ
二〇一一年　秋
デイサービスは何とか定着しつつある
しかし着がえがままならないので私が週二回行く
もう自分で服を選べないからだ
まえの日ぬぎすてた服をそのまま着る
たぶんそのうちねまきにも替えなくなるのだろう
こんなのもうきられんなー
再びハハの服の総ざらえをした
物置（私には寝室）に籠もって作業をしていると大声で
ハーイ
ここにいるよー
別に用があるわけではないただ不安なだけ
押し入れの整理をするのにモノをおっぽり出すと
ギャ〜
今晩寝られない〜

とパニック
自分はベッドで寝てるんだ関係ないだろうに
わかったよ!
と全部戻す
今度デイに行っていない時やってやろう
五、六歳児が一人暮らししていると思えば……
ただしこの幼児口は悪いし文句は多い
痛いカユイ
私は不幸
年とった
何もわかんない
負のエネルギーが部屋に充満し
その息苦しいこと
時々キレそうになると私はプチ家出をする
こんな家出てってやらあ
バタン
七階まで上がりガンガンのハードロックを聴いて気を落ちつける
本当に不幸なボケ老人なんだからしょーがない
頼る人もグチる人も他にないんだから
とにかく明日の昼までのガマン
帰ったら一人になれる

24 昏倒の正月
二〇一一年　冬
デイサービスは無事続いている
ハイ これ
ん
デイ用バッグ
しかし毎火・水も送り出しのため行くのはキツイ
年末の三〇日（金）朝いきなり三八・五度
ゼー
予定をすべてキャンセルしひたすら眠る
しかし翌日
いつ帰って来るの？
ゴメン 熱出した
帰って来れないの？
じゃあアタシはどうすればいいの？
あとは泣き声

仕方がないので
行った
さすがに大みそかは電車がすいている
待ちかねた様子のハハに
ねまき
ゴメンすぐ布団敷いて寝る
インフルエンザが怖くないのかこいつは
え〜〜〜
悪いけど一人で洗髪行って
昔なら風邪ひかないヒト
ハハは一人でカットハウスに行った
一人でゴハンも食べた
身内にSOS
私いま三九度四分あるの
ここにいると治らないから代わって
ゼー
ハハの家で私が寝ているのはあいかわらず北側の物置き部屋だ
わかりました今東京ですけど
明日には行きます
あー たすかった〜
ハハはとにかく正月に一人でいるのがイヤなだけらしい
紅白
もしゃ
もしゃ
私が何も食べずひたすら寝ていても文句を言わない
もちろんこちらも看病など期待もしない
う〜
昔は嬉々として(?)してくれたけどなあ

正月一日
身内来たる
おかゆを
作ってくれる
ビタミンC入りの
スポーツドリンクを
馬のように飲み
汗をかくと拭き
Tシャツを
きがえる
そして
トイレに行く
以外は
ひたすら眠る
そして熱がウィルスを弱らせ
免疫グロブリンが
出てくるのを
ひたすら待つ
B
プププ
ギャー
一月二日（月）
少し熱が
下がったので
帰る
夜
また
三八度
ひき続き
ひたすら
寝る
少し食欲が戻ると
おかゆやウドンを食べ
ストーブにかじりついて
DVDを見たりしていた
何だかもう何もかも
面倒で
ずるるる
ハナ水は
終盤戦
のあかし
「これから先　何も
いいことなんてない」
とまで思った

もちろん頭では
「そんなことはない
今病気だからだ」
とわかっているが
思考と気持ちは
別物だ

なるほど
これが「うつ状態」
というやつか

この状態が続くのが
うつ病なら
死にたくもなるわけだ

この感覚を一生
忘れないようにしよう
と思った

25
要介護2
二〇二二年一月
ヘルプサービスの責任者からの提案で
デイサービスの送り出しに十五分ヘルパーさんに来てもらうことに
これで週二回泊まりこまずにすむ
やれやれ
一月八日(日)
正月らしく百人一首クイズなどやってみた
あわじしま～～
かようちどりのなくこえにいくよねざめぬすまのせきもり
記憶力のいいこと
しかし夜イライラしはじめる
ドラマが始まらない
ロクにみもせんくせに
まだ始まりませんあと十五分しないと
こんなのやってるもうやんないのね
八時からなのに!!
その前の番組です
まだ数分あるよ
大体八時じゃないの!
おかしい!!

さて春オープンの
また別の
有料老人ホームに
問い合わせ
面談には今日来られますか？
いえ私は今日帰りますので来週日曜に
向こうから来てくれた
今回ハハはおとなしい
一月一九日（木）付
要介護2認定
二三日（月）
さっそく
担当者会議
自分のことを
話している
らしいのに
話が
見えない
ので
スネる
服がナイのに〜
なだめるヘルパーリーダー
だいぶ足許が
怪しいので
ベッドと
風呂にも
手すりを
つけることに
なった
久しぶりに唯一の
友人が来てくれて
おしゃべり
楽し
そうに
話して
いると
フツーに
見える
こんな時間が
増えればいいのに

26 限界近づく
ハハは最近
電気ストーブしか
使わない
あしでふむので
へこんでいる
マンションは冬暖かいので
けっこうそれで
しのげるのだが
エアコン
つければ？
その方が
電気代
安いってよ
もったいない
ないよ
この言い方に
オバには
弱いハズ
だって……
どうやって
つけるのか
わからないん
だもの
え
え〜〜〜〜
何ということ
ハハは
リモコンを使えなく
なっていたのだ
TVは本体に
ボタンがあるが
エアコンはリモコン操作

ということは
この冬暖かいマンションは
夏は灼熱地獄
認知症のハハが居住できる環境ではない！
水分補給や風通しなどもう自分ではできない
何としても夏までに施設に移らねば命にかかわる
今までに集めた施設のパンフを再チェック
このころのハハはまるで餓鬼のよう
目についた食物を手づかみで食べ残ガイは放置
食パンの袋
ミカンとバナナの皮
病院へ行くための着がえの最中急に寝ころんで「イヤ〜〜〜！」
仕度ができて出かける前にまた何か食べようとする
バタ
バタ
その様子に私がキレる
バタン！
本当の幼児ならまだカワイイが現物はこんな
まるでキツネつき
むきバナナ

そして以前にも
増して
失禁が多く
下着には常時
パッドをつけている
ゴムパン
パッド
が
しょっ中もらし
トイレに間に合わず
床や便器を汚す
掃除と
洗濯は
私
平日は
ヘルパーさん
来るべきものが
来た感じ
洗タク機では落ちない…
水につけておいて石けんで手もみ
起きてもずっと
ねまきだし
ゴミ出しも
できなく
なった
そしてソファでゴロゴロ
二月一二日(日)
四月オープンの
見学会
今度は
百人規模の
大きな所だ
スタッフに車イスで
案内してもらったが
終始こんな
カオ
カチーン
ああここも
ダメかも
最近は家の中で
よく転ぶ
トイレへ
行こうとして
ベッドから
起きようとして
そしてこうなる

「T販生活」の特集ページを切り取って私はいつも持っている
たとえば
シリーズ 介護を考える ・8・介助のしかた
布団からの立ち上がり
①相手の左ひざを立てる
②右足はあぐらをかく
③介護者は右側に立つ
せーの
振り子のように後ろに軽く振って反動をつけて
斜め前に引き寄せる
ハイッ
これをやろうとするが
ハイ ひざ立てて
……
ひざだよ！
パニックなのか何なのか
ムリ〜〜 ひっぱっておこして〜〜
できるか
重い
PT（理学療法士）いわく
ソファに座る時 一つ一つ「左手をついて」とか指示をしてもダメなんです 「ソファにかけて」とバク然と言う方が考えずにできるんです
左って？ どっち？ 手？ 左？
ああ また一つ 前途多難

解説ページ③ 介助のしかた

寝返り（右へ）

①相手のひざを立て
②手はおなかの上で組んでもらう

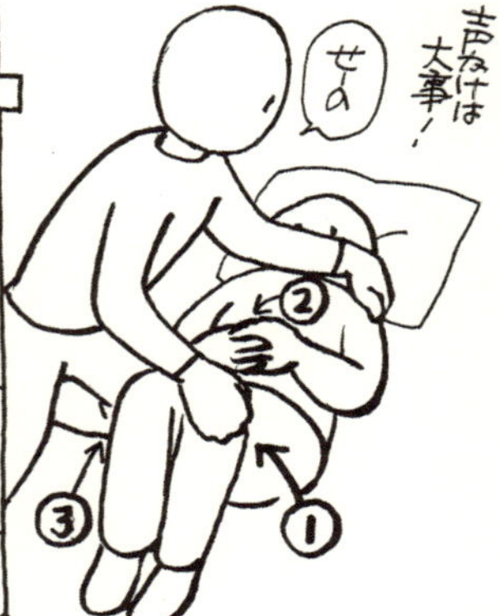

④外側の肩と①ひざに手をかけて、軽く手前に引き寄せる

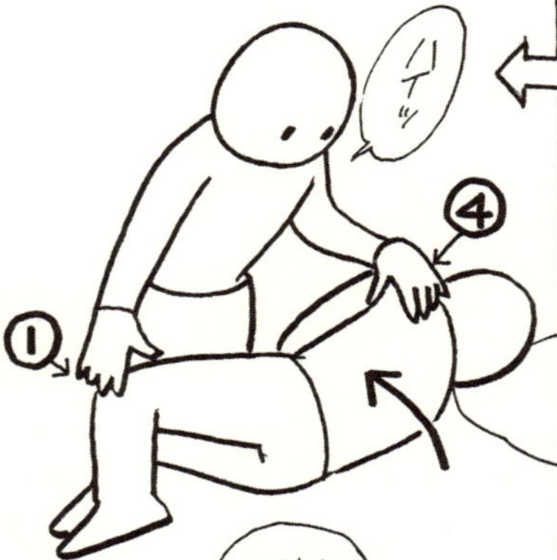

立ち上がり（ベッドから）

①相手の横に立ち抱きかかえるように
②片手は背中から脇の下に
③もう一方の片手は胸側から脇の下に

④前傾姿勢をとってもらい
⑤軽く反動をつけて斜め上に体を引き上げる

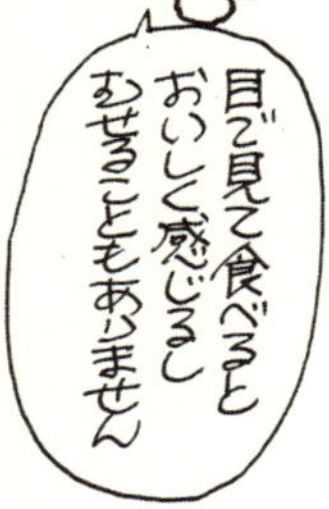

食事

介助者は横かななめ前に座る

自然な前かがみの姿勢をとらせる

食事の中身を見せながら介助する

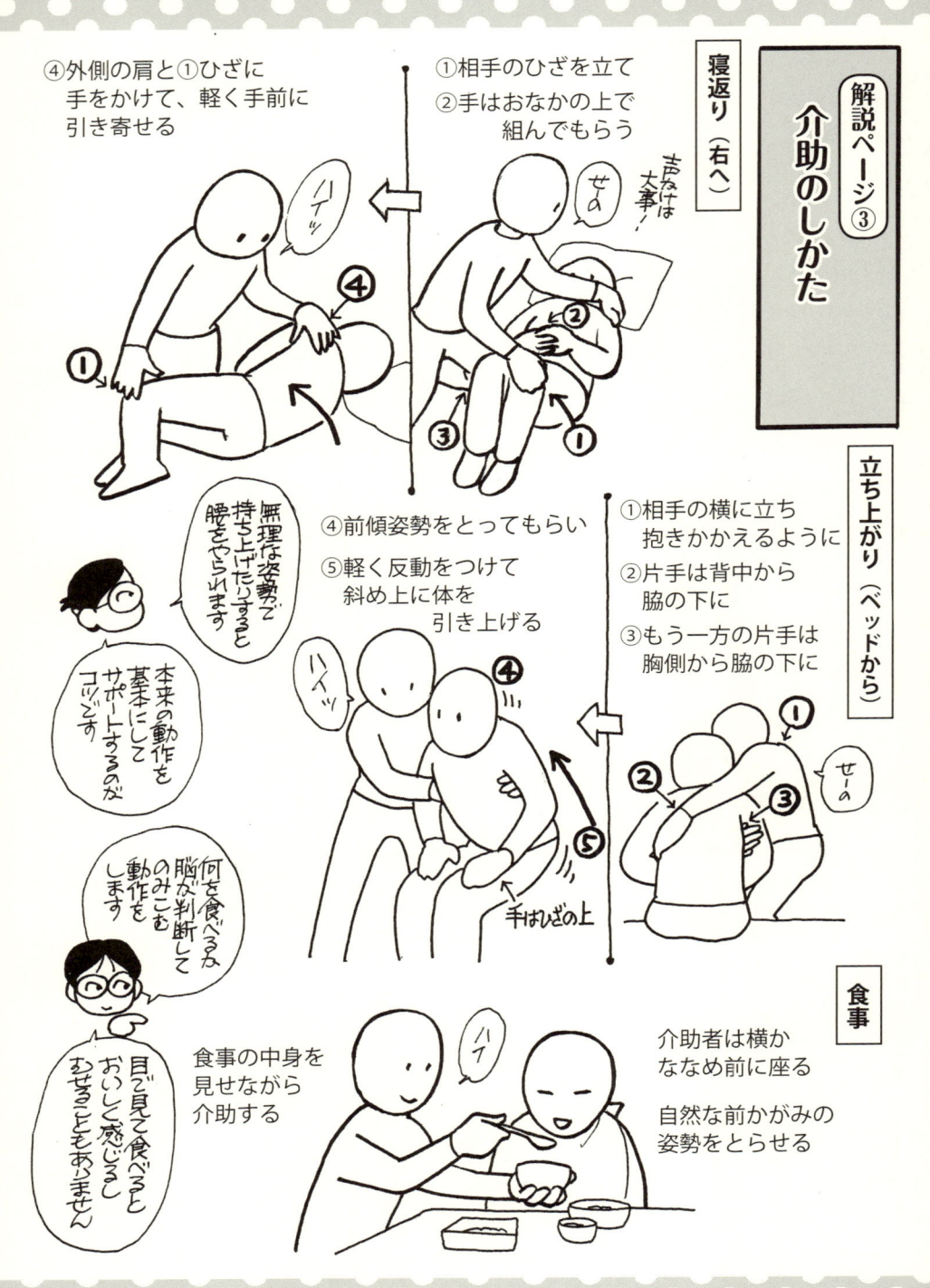

車イスへの移乗

①車イスはベッドの脇に少し角度をつけて置く

②車イスに近い方の足を半歩前に出す

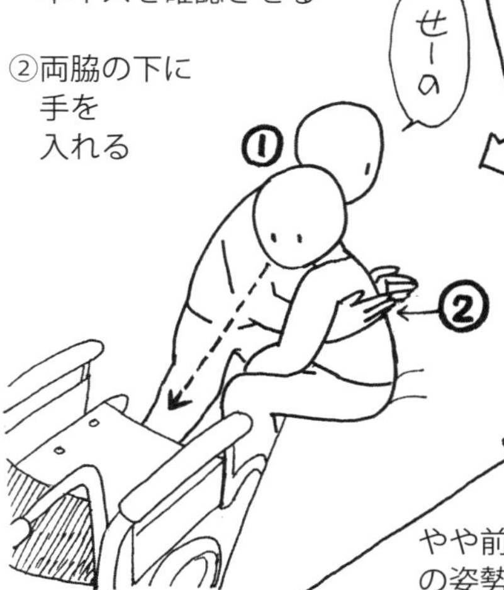
せーの

①車イスと反対側に立ち車イスを確認させる

②両脇の下に手を入れる

ハイッ

やや前かがみの姿勢をとり

①少し反動をつけて斜め前に腰を上げさせ

②体を回転させる
㊟体をぎゅっと握らない

食べる時と同じで移動先がわかると安心します
トイレもそう

歩行

ハイ
イチニ イチニ

横に並び、

①近い方の手は脇の下

②遠い方の手は手の平を上にして握ってもらう
（手すりがわり）

自然な動作を生かして介助するとする方もされる方も体の負担が少ない！
この介助法を編み出したのは貝塚ケアサービス研究所代表の貝塚誠一郎さんです
「通販生活」に掲載された記事を許可をいただいてアレンジしました

27
だだもれ
三月四日（日）
トイレから
悲鳴
あーまたか
パンツを
下ろしたまま
わめいているハハ
トイレの床には
汚物
お目汚しですので
あえて絵にしません
お尻を拭き
ソファに追いやり
便器と床を
掃除し
下着を洗う
黙々
ハハ
うん？
おわった
もう限界だよ
ホーム行こ
やっぱりね
イヤヨ
ここで孤独死されても困るんだよ
本望よー!!

昼食を食べてからも
冷蔵庫を漁り
バナナやパンの
備蓄を平らげ
仏壇の供物を貪り
私はキレて
七階へ
家出
月曜夕方
友人と駅前で
待ち合わせ
たすけて〜〜!!
またもらした
帰ってきて〜〜
もうナイの〜〜
パッド
かえなよ
ナイはずは
ないのだが
少しでも汚すと
はずしてトイレの
床に積み上げて
いたから
本当にもうないのかも
物入れに
入っている
予備を見つけ
られないのか
あるいはそれも
使い切って
しまったのか
おむつパッド
薬局に行って
また戻る
わ
荷物
多いね
一緒に
行こうか？

あまりのストレスに薬局で気分が悪くなりイスに座りこんでしまう
うう
どっちゃり
ドラッグごとう
雨の中並んでいるタクシーの列
乗り場に誰も並んでいないので
タクシーのりば
近道して横断歩道から乗りこむ
小型
中型
歩道
ちゃんと乗り場から乗りなよ
先頭の車ドア開けてたのに
それは中型車でこれは右列の小型車なの
——という説明がもう面倒くさい
家に戻るとハハはベッドに寝ていた
ずっとトイレとベッドを往復していたらしい
ウンコが出ない～～
トイレの中はたいへんな惨状
これは後だとにかく風呂だ

風呂につかった途端
湯舟の中で
失禁
うわあ
交感神経の緊張が
弛んだせいか
汚物を汲み出し
とにかく体を
暖めさせ
シャワーで洗い流す
自分も風呂に
入りたかったが
とてもそんな気には
げっそり
そんなことより
おしり
ものすごく
ただれてるよ
シャワートイレ
使ってない
の？
ああやっぱり
使い方
わかんない
もの
ハハはエアコンやTVの
リモコンだけでなく
シャワートイレも
使えなくなっていたのだ
施設を早く
見つけなくては
黙々
夜中になっても
ハハは
何度も
トイレに立ち
そのつど
「またもれた」
と私を
起こす
パッドを捨て
風呂場で
お尻を洗う
お尻を
むき出しにして
湯舟にすわらせる

翌朝
きのう一日でダメにしたパッドを二重袋に入れて大量に捨てる
今日がゴミの日でよかった
外が透明な有料ゴミ袋
もえるゴミ
もえるゴミ
タクシーで五〇メートル先の肛門科へ
ふあぁ
痔が出てますね
それと洗わないので肛門付近がただれています
腸には便がいっぱい詰まっていた
下剤と摘便で出し薬を塗付
おとなしくなった
——という ことになってます
明日デイどうしましょう?
そうですねえ……
安心のためむしろ行った方がいいでしょうあちらは
利用者の失禁は慣れっこですよ
ヘルパーリーダー
そうですよね
パッドたくさん持たせます
これがずっと続くと私は帰れない

翌水曜日
朝
イヤ～
行けない
今川～～
まるで狂人
朝食のあと
少し落ちつくが
また
もれた
トイレに戻らせ
シャワー
トイレで
お尻を
洗わせ
薬を
ぬる
ハイ
押すよ
親の
トイレ
トレーニングを
する日が
来ようとは
ゴシ
ゴシ
朝のニュースを
見ながら
なんであの人
ばっかり
あんなに
チヤホヤ
されるの？
？
「あの人」とは
今上天皇である
ともあれ
無事デイに
送り出し
私は四日ぶりに
家へ帰った
綱渡りの日々は
まだまだ
続く

28 綱渡りの春

二〇一二年三月
だいぶ慣れてきたので
デイサービスを
水・金に増やす
私が送り出すより
ヘルパーさんの方がスムーズな
ようだ
(他人に見栄をはるから?)

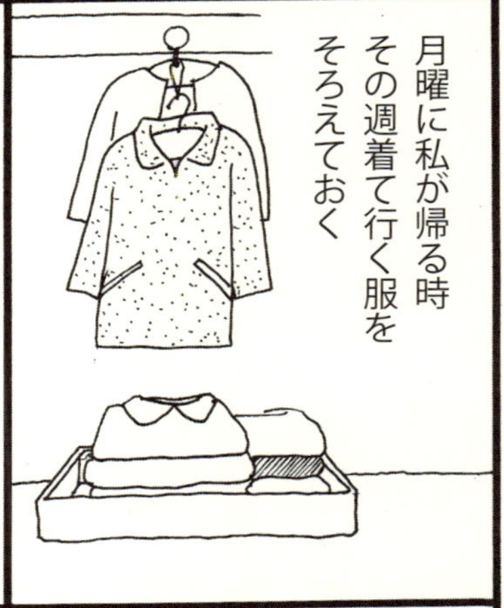
月曜に私が帰る時
その週着て行く服を
そろえておく

この頃の介護サービスは
限度額を軽くオーバー
まだ要介2だもんなー
高額サービス費の
支給申請(当時は必要)のため
毎月領収書をそろえる

一週間の予定は
こんなふう

㊊ リハビリ 16:00〜(1h)
㊋ ヘルプ 13:30(1h30m) 主に掃除
㊌ ヘルプ 8:30(30m) 送り出し〜 デイ〜 ヘルプ 17:30(30m)+ゴミ出し
㊍ リハビリ 13:30(1h)・ 市のみまもりサービス 15:00(1h)
㊎ ヘルプ 8:30(30m) 送り出し〜 デイ〜 ヘルプ 17:30(30m)
㊏ ヘルプ 14:00(1h30m) 買い物・調理
↑ 後にこの半分(2016〜)。何もできないなー

日曜は私が来るので
サービスは何もなし

市のみまもりサービスとは
一人暮らしの高齢者の
訪問をして
くれる
介護サービス
とはまた別の
J市独自のもの
こんにちはー
お茶をのんで
話したり
TVみたり
考えてみればこのころは
ホームヘルプサービスは
九〇分もあったのだ
今日も
タマゴ焼きと
にもの？
どうしても
そうなるん
です
今（二〇一六年）は四五分
買い物に行って終わりだな
介護保険の
サービスは
どんどん縮小
されている
そして働く人の
手当は増えない
やることだけは
ふえるのよ
友人のヘルパー
三月一四日（水）
ケアマネに教えられた
「サービス付高齢者住宅」を
見学
こんなのできてたのか
知らなかった（昨年末オープン）
一九日（月）脳外科へ
問診とMRAの
予約
ついでにハハを連れて
内見（病院と
至近距離だった）
明るくて
キレイだし
ウチからバスで
一〇分だよ
どお？
………

「イヤ〜〜〜!!」反応や
フリーズ反応がなかった
そろそろ一人暮らし無理だとわかってはいるな…
なにしろあれからも失禁はひんぱんだし
またよごした〜〜みて〜〜
家の中でもよく転ぶが私のいない時は自分で起き上がってるのに違いなく
もう泣き声をきくだけでストレスがつのる
本物は老婆なんですよ
四月三日(月)
一月に内見した有料ホームより
やっぱりね
満室になりまして
四月八日(日)花見
歩行車で三キロ歩く
翌日MRI
?
水頭症ではないですが
去年より脳が縮んでます
MRIではアルツハイマーは診断できません
先日内見したサ高住から申し込みの書類を取り寄せる
また診断書のために内科へも行かないと
入居申込書
それより気になったのは先日面談してくれたケアマネが辞めていたことだ
感じいい人だったのになー
何があったんだろ
かすかに嫌な予感がした

四月三〇日（月）
朝からまたケンカ
気分を変えるため
町内を散歩
スーパーよってこか？
かいもの好き
家から至近距離にまた別のサ高住を建設中
こちらは十一月オープンだ
ここの方が近くていいのだが夏の入居に間に合わない
ガガガ…
ガー
ガー
昼
何もう弁当食べちゃってるの？
ゴハン炊いてるのに
せんたくもの
モグモグ
せっかくだから炊きたてを食べなよ
そんなのいらない
あー
そーかよ
どん！
七階に家出
やること言うこといちいち腹が立つ〜
腹の虫をしずめて帰ると
何してんの!?
だって炊きたてを食べろって言うから
再び家出

29 突然の転機

二〇二二年五月
サ高住Nへの入居のための段取りは勝手に着々と進めている
今日は心療内科 健康診断書のための検査
ねー呼ばれるの?
ホントに呼ばれる?
いつ?
カンゴフさんにきいてきて
ねー
体験入居は六月二〜四日に決めた
また準備が大変だ
きがえ
オムツパッド
スリッパ
歯ブラシ
タオル
ねーナニしてんのー
六月一日(金)夜
父がゆうべ死にました
え?
かけてきたのはイトコ
亡くなったのは⑥に出てきた父のすぐ上の兄である
久しぶりだな
私はその時 翌々日自分が主要なスタッフのイヴェントをどうする!?ととっさに思った
伯父さんすみません
次に思った
ハハは葬儀に出られるだろうか
いや絶対無理だな
?何ってこれね!
もーかえる
つかれたー

急いで夕食を
とってから
タクシーで
伯父の家へ
今日中に
ハハを
対面させて
おかなければ
ね～～
どこ行くの
伯父さんがね
亡くなったんだよ
ホント?
伯父はゆうべ
急に腹痛を
おこし
救急車で
運ばれ
そのまま
病院で
亡くなったそうだ
腹部動脈瘤破裂
ピポ
ピポ
考えてみれば
十日前に
ハハの通う
整形外科で
偶然会ったの
だった
なんと明日をも
知れぬ私達の
運命
ごぶさたしてます
あいかわらず
大変そうだな
やって来たハハの
様子を見て
伯母もイトコたちも
葬儀の欠席を納得
ホントに亡くなったの?
ホントだよ
なにしろ明日から
体験入居……
これで事は
スンナリ行くかも
ハハの服物色中
喪服を取りに帰るヒマはない
あのね
あしたが通夜で
あさってが式
なの
私は手伝いで
いないから
ハハはNに
泊まってよ
え～～
じゃ
式に出る?
……
ムリ

六月二日（土）
午後
ハハをNまで送る
ぬ～
ホントに死んだの？
ねぇ～
そうだよ
タクシーの中でしだいにサク乱しはじめる
アンタってひどい娘ね
親を追い出して
Nに着いても悪態は続き泣き叫びベッドに寝ころんで私やケアマネを叩く
ポカポカポカ
新しいケアマネSさん
たぶんどこまで甘えさせてくれるか試してるんですよ
そのうち落ちつきます
良かったこなれたヒトだ
翌日
伯父の本葬
ウチの母は最期まで頭はしっかりしてたわー
そりゃーうらやましい
うるさかったわよ～～～
久しぶりに会うイトコたちと介護の話で盛り上がる
ハハの喪服
驚いたことに叔母夫婦がイトコの車に同乗して来た

叔父は耳が悪い
補聴器がずれてしまってピーピー鳴っても気付かないほど悪い
ピピ
叔母は足がうんと悪くなっていて
どお?
楽でしょ?
あーホント
とても見ていられないので式場と火葬場で車イスを借りた
○○ちゃん（年の若い男の親類）に押してほしい
そーかよ
こういうトコはハハとそっくり
式の合い間にNに電話
おだやかにお過ごしですよ
ホッ
翌日（月）Nにお迎えの前に
全然大丈夫でしたよいっそこのまま入居されては?
そうできればいいのですが
TVがない下着もおフロに入れなかった
入れたよ
「帰る〜〜〜」とは言わなかった
じゃ持ってくよ
小さいTV下着洗面器を包んで持参

しかし私の顔を見ると
帰る！
2泊だけって言ったのに‼ダマしたの⁉
ハイハイ
わかりました帰りましょう
コレどうするの？
置いて行きますよ
どうせまた来るんだから
あっそ
あれれ？
さっ下行こ
脈アリか？
二泊三日の間おとなしくしてたようだし
どうやら高いハードルを越えられたらしい
伯父さんのおかげ？
サ高住は基本外部サービスなので
今までのヘルパーさんたちは無理だが
リハビリとデイはそのままだし
大成功！
次のプランを立てねば
やっとなえれる
私と週一回家に帰れば慣れていくのでは？

九年目に入って
けもの道にも
少し前途が
見えたような気が
した

ビクビク
ドキドキ
どうやらこっちだ
しっかりついてきて

解説ページ④

老後の住まい

ハハなどには「姥捨て山」「世間体が悪い」としか思えないようですが
介護のプロに見守られながら安心して暮らせる老後の住みかえを自ら選ぶ人も多い昨今です

介護保険３施設
入居一時金はナシ

介護サービスの施設サービス。
施設の職員が介護や生活援助・医療行為を行う。

介護老人福祉施設（特別養護老人ホーム、特養）

常に介護が必要な人が居住。生活介護が中心。
ユニット型個室と多床室（安い）がある。
他の施設に比べて低額なので入所希望者が多く、
数年待ちのことも。入院すると３ヶ月で退去。

介護老人保健施設（老健）

介護とリハビリが中心。
入所期間は原則として３～６ヶ月間。

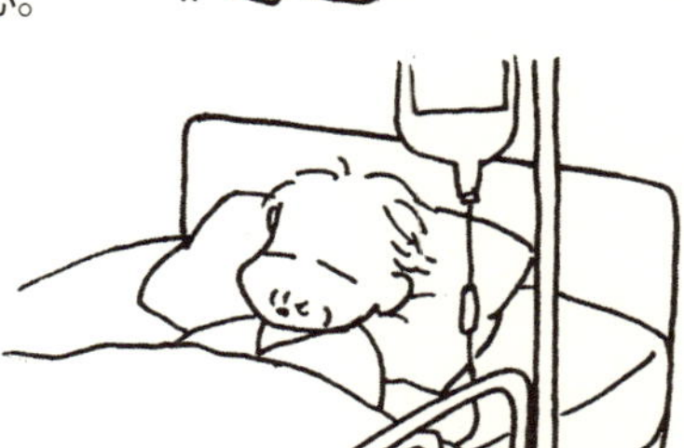

介護療養型医療施設（療養病床）

長期療養が必要な人への医療サービスが中心。
病院に併設されることが多く、2017年に
廃止→新施設に移行の予定だったが、
廃止期限を６年延長。
2018年４月から「介護医療院」を
新設。

地域密着型サービス

認知症対応型共同生活介護（グループホーム）

認知症の高齢者がスタッフと共同生活。
施設サービスではなく居宅サービス。
定員5〜9名。要入居一時金。
医療サービスはないので、重度介護が
必要になると退去。

施設サービス（介護保険外）

養護老人ホーム

経済的理由で自宅での生活が困難な人
（自立）向け。介護サービスはなし。

軽費老人ホーム

住居に困難を抱えた人のための社会福祉施設。
自立した人向けの〔A型〕（食事付。所得制限あり）
〔B型〕（自炊。所得制限なし）
〔ケアハウス・自立型〕（食事付。所得制限なし）
〔ケアハウス・介護型〕（特定施設入居者介護の
サービスを受ける。原則、最期まで入居可）
〔都市型ケアハウス〕地域住民が原則。
料金は所得に応じて設定。

そのほか数ヵ月の間安く住める「生活支援ハウス」というのがあります
ここまでが公的施設（安価）です

シルバーハウジング

高齢者向け公共賃貸住宅。自立向け。
介護サービスは外部。入居一時金不要。
生活援助員を配置。

有料老人ホーム他（民間）

介護付有料老人ホーム

「介護付」表記は「特定施設入居者生活介護」の指定施設。介護保険が適用される。施設内で介護サービス他を提供。医療機関とも提携。要入所一時金。

住宅型有料老人ホーム

生活支援等のサービスが付く。介護サービスは外部。

健康型有料老人ホーム

食事などのサービスが付く。要介護になれば退去。

サービス付高齢者向け住宅（サ高住）

賃貸住宅扱いなので一時金はなく敷金。「特定施設入居者生活介護」指定の所もある。ない所は外部サービスを利用。居宅サービスや通所サービスには介護保険を適用。生活支援（見守りや食事など）は別。

グループリビング（グループハウジング）

国庫補助事業。基本は自立で共同生活をする。介護サービスは各自外部。

シニア向け分譲マンション（シルバーマンション）

物件を購入。介護サービスなどは外部。家事や食事をスタッフに頼める所も。

どうです 一度読んだぐらいでは 覚えられない でしょう?
ポイントは 受けられる サービスと 費用ですが
特養は 安価なので 超難関!
元気なうちに 入っても 要介護度が上がると 退去させられることが あります
無認可の 施設もあり 問題になって います

付録 カズゴンとの日々

カズゴンは私の長年の友人Ｋのお母さんのアダ名です。もちろん命名者はＫです。

うちのハハとは全く違うタイプですが、娘を困らすのは同じです。Ｋは「一緒に暮らしてみて、嫌いだった事が分かった」と言ってます。

友人Kの母
カズゴンは
Z市で夫と
二人暮らし

「○○(夫)がまた
帰って来ないのよ
女のところよきっと」

電話で心配になった
Kが帰省すると
母は明らかに
認知症の兆候を示し
父はストレスで失語症になって
いた

ぐえ
なによっこのレイゾーコの中は
ゴハンまだ……？
買ってもすぐ忘れるんだよ
電話の時オレは隣にいたんだよ

戦中に生まれ
空襲の中を
兄弟の手を引いて
生き延びたカズゴン

焼け野原の東京で
大学を出て
故郷で教鞭をとった
家の反対を押し切って
結婚し
一家の大黒柱となって
両家の親を看取り
子供を育て
戦後の混乱期を
たくましく走り抜けた

大学は自動車部
焼け野原の東京を
払い下げのジープで
疾走するカズゴン

仕事を引退した
カズゴンは
趣味も友人もなく
たった半年で
アルツハイマー病と
診断された

男二人の
ようだった
夫婦は
一緒にいる
濃い時間に
耐えられず
煮つまっていった

ねーどこ行くのよ
アタシも出かけるわ
ついてくるなよっ
デートなんだから

介護認定された
カズゴンは
週三回のデイケアに
通い始めたが

大学教員の
習性で
みんなに上から
モノを言い
指図するので
友だちは一人も
できなかった

自分の足で歩きなさいよっ

料理の先生なのに
料理もできなくなった
カズゴンはしかし
台所を誰にも
触らせない

家はゴミ屋敷と化し
体調不良になった
夫は
カズゴンの声を
聞くだけで
ジンマシンが出
Kは母を引き取る
決心をした

よくねてる今のうちにゼンブ捨てちゃえ
明日になったらすごく怒るんじゃないかしら
どーせ覚えちゃいないよ
もえるゴミ

Y市のKの家に
同居することになった
カズゴン

フルタイムで働くKは
帰宅するまで預ける
デイサービスを
必死で探した

やっと気に入った
大きな施設は
若い男性スタッフが多かった
ここでカズゴンは
「先生」と呼ばれ
自分は毎日
講義に行ってると思っていた

人を頼らず自分で食べなさいよっ
まわりはみな教え子だと思ってられるようです
お世話おかけします

離婚し
娘たちも家を出て
一人暮らしのK

母との同居で
行き詰まるのは
父で実証済み

なるべく毎夜
友人たちを呼んで
夕食会を開いた

カズゴンは友人たちを
学生と思いこみ
尊大にふるまった

アタシのご飯は?!
先にちょうだいよ
ホラさっさと並べて
ハイハイ

長いこと教壇に立っていた
カズゴンの足腰は強靱だ

一瞬の隙をついて
家から消え
行方をくらませる

大抵は食べ物屋か
警察から連絡が入る
「お宅のお母さんが
お金がないと言われて」

カズゴンのバッグには
Kのケータイ番号が
大きく書いてある

すみません すみません
アラアンタ今ごろ来たの
ココの料理はまずまずね
「お金はないけどワタクシは大学で教授をしておりますの」とおっしゃって…

最後の旅行に行った
ベトナムでもカズゴンは
ホテルで行方不明になり
大騒ぎ

二度と脱走しないよう
ひもで体を結びつけて
眠った（「おとうと」か！）

六年後のカズゴンは
深夜の家の中を
徘徊する
一時間ごとに
灯りをつけ
水道の栓を開けて回る

ニャー
ウロ
ウロ

カズゴンは
華やかな所が大好き

歌舞伎観劇に行ったが
行列が大キライで
人波をかき分けて
入って行ってしまう

隣の席の老婦人が
座るのに手間取るのに
「何やってんの！
さっさとしなさい!!」
と怒鳴ると
相手は杖を振り上げた
カズゴンは鞄で応戦し
場内は騒然となった

Z市の
グループホームに
落ちついた
カズゴン

正月に
久しぶりに
帰宅すると

六〇年以上
連れ添った
夫を
ナンパしようと
した

あの…アナタ奥様いらっしゃるの？
クネ
やっぱりタイプだったんだ…

カズゴンの口ぐせ

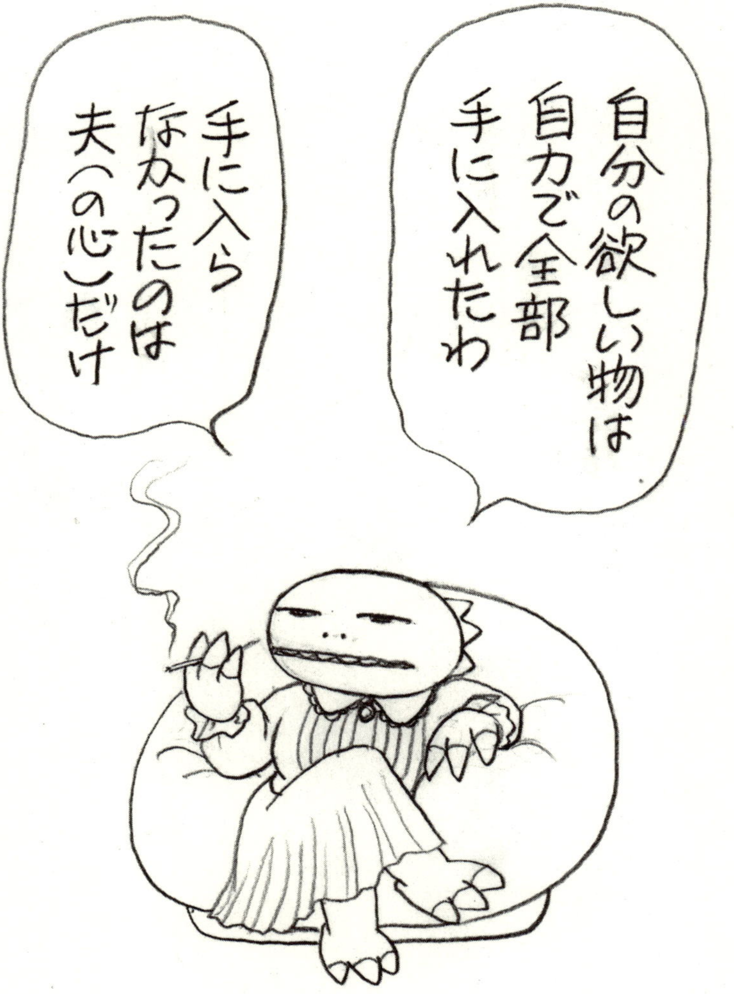
自分の欲しい物は自力で全部手に入れたわ
手に入らなかったのは夫(の心)だけ

著者紹介

たけしま　さよ

兵庫県出身、京都市在住。
竹島沙夜名で青年誌で劇画デビューするも鳴かず飛ばずで、くじけそうなときに阪神大震災が起きる。筆を折る覚悟で現地ボランティアに参加、自己の体験をNGOのオリエンテーション用に4コママンガに描き下ろしたところ、好評を得て、上梓の運びとなる。
以後、ペンネームをひらがなに変え、ギャグタッチの作品を描いて、現在に至る。

既刊
『クリムゾン』東京三世社
『マンガでわかる住宅瑕疵担保履行法』PHP研究所
4コマ漫画『愛ちゃんのボランティア神戸日記』
『愛ちゃんの神戸巡回日記』
（無料配信中http://volunteer.netswest.org/download.html）
『マンガおひとりさまの遠距離介護けもの道』メディカ出版　ほか

●装幀——大津トモ子

続・マンガおひとりさまの遠距離介護　けもの道

2019年4月15日　第1刷発行
著　者　たけしまさよ
発行者　山崎亮一
発行所　せせらぎ出版
〒530-0043　大阪市北区天満1-6-8　六甲天満ビル10階
TEL. 06-6357-6916　FAX. 06-6357-9279
郵便振替　00950-7-319527
印刷・製本所　亜細亜印刷株式会社

 ISBN978-4-88416-266-5

せせらぎ出版ホームページ　http://www.seseragi-s.com
メール　info@seseragi-s.com